시각장애인을 위한 AI

AI문고

인공지능 시대입니다. 기계가 인간의 인지를 대신하고, 사물이 인간을 통하지 않고 다른 사물과 직접 커뮤니케이션합니다. 이에 따른 인간 삶과 문명 변화를 정확히 이해·예측·대응하는 것은 이 시대 우리 모두의 과제입니다. AI문고는 인공지능 기술과 환경의 여러 주제를 10가지 키워드로 정리합니다. 관련 개념과 이론, 학계와 산업계의 쟁점, 우리 일상의 변화를 다룹니다. 인간과 기술의 현재, 미래를 세심히 분석합니다.

일러두기

- 인명, 작품명, 저서명, 개념어 등은 한글과 함께 괄호 안에 해당 국가의 원어를 병기했습니다.
- 외래어 표기는 현행 어문규정의 외래어표기법을 따랐습니다.

처음이세요?

전문가세요?

지금, 큐알 찍으면

🎁 AI 입문서 바로 선물

📚 당신만의 필독서 추천

📖 500권 요약본 공짜

🎧 오디오북 무료 사용

시각장애인을 위한 AI

이장원

대한민국, 서울, 커뮤니케이션북스, 2025

시각장애인을 위한 AI

지은이 이장원
펴낸이 박영률

초판 1쇄 펴낸날 2025년 11월 20일

커뮤니케이션북스(주)
출판 등록 2007년 8월 17일 제313-2007-000166호
02880 서울시 성북구 성북로 5-11
전화(02) 7474 001, 팩스(02) 736 5047
commbooks@commbooks.com
www.commbooks.com

ISBN 979-11-430-1400-9 03500

책값은 뒤표지에 표시되어 있습니다.

차례

인공지능의 그늘과 빛

모든 기술이 그렇듯, 인공지능(AI) 기술의 발전 또한 그늘과 빛을 동시에 지니고 있다. 기술의 밝은 면을 먼저 들여다보면, 인공지능은 인류의 생산성을 크게 향상하며 자율주행차, 스마트 홈뿐만 아니라 질병을 조기 진단하는 의료 AI, 언어의 장벽을 허무는 실시간 통번역과 같은 혁신적인 기술을 통해 우리의 삶을 훨씬 더 편리하게 만들어 줄 수 있는 잠재력을 가지고 있다. 그러나 이러한 기술은 동시에 전쟁, 테러 등의 부정적인 목적에도 악용될 수 있으며, 개인정보 유출이나 보안 문제는 물론이고, 기술의 확산으로 인해 특정 직업군이 대체되면서 일자리를 잃는 사람들이 발생하고, 인공지능을 활용할 수 있는 소수의 숙련된 인력과 기업에 부가 집중되어 소득 불평등을 심화시킬 수 있다는 점에서 큰 우려의 대상이 되고 있다.

이러한 문제의식 속에서, 테슬라(Tesla)의 최고경영자(CEO) 일론 머스크(Elon Musk)를 비롯한 일부 인공지능 연구자들은 인공지능 기술이 사회에 초래할 수 있는 위험성을 경고하며, 이에 대한 대응책으로 2023년 인공지능 기술 개발을 한시적으로 중단할 것을 산·학계에 제안하기도 했다(Reuters, 2023).

하지만 또 다른 흐름은 인공지능 기술이 인간을 대체하는 것이 아니라 돕는 방향으로 나아가야 한다는 명확한 비전을 중심으로 진행되고 있다. 다양한 전공과 분야의 전문가들이 협업하여, 인공지능 기술의 긍정적인 사회적 영향을 극대화하려는 시도들이 활발히 이루어지고 있는 것이다(Google AI, 2025; Li, 2018). 의료 분야에서의 인공지능 활용이 이런 흐름에서 진행된 인공지능 기술 발전 방향의 좋은 예제일 것이다. 2019년 에모리 대학교(Emory University) 연구진은 소셜 미디어에 게시된 사용자 정보를 분석하여 ADHD, 조울증, 우울증 등의 정신 질환을 구분하고, 사용자의 언어 패턴을 통해 이를 예측할 수 있음을 보여주었다(Thorstad & Wolff, 2019). 또한 2023년 미국 애리조나 대학교(University of Arizona)에서는 인공지능 기술을 활용하여 알츠하이머와 같은 불치병에 대한 이해를 높이고, 희귀 질환에 대한 치료 가능성을 열어갈 수 있다는 연구 결과를 발표했다(University of Arizona College of Medicine-Phoenix, 2023).

결국 우리가 주목해야 할 것은 인공지능 기술의 발전 속도나 기술 자체가 아닌 기술의 발전 방향이다. 따라서 우리는 지금 인공지능 기술의 발전과 함께 이 새로운 기술이 누구를 위한 기술로 발전해야 할지, 그리고 그 과정에서 누구도 소외되지 않게 하려면 어떻게 해야 할지를 함께 고민하는 것이 중요하다. 이에 따라, 이 책은 인공지능 기술의 빠른 발전 속에서 사회적 약자, 그중에서도 특히 시각장애인을 중심으로 이들이 소외되지 않고 인공지능 기술 발전의 혜택을 함께 누릴 수 있도록 하는 기술 발전의 방향성에 대해 조명한다.

결국 기술은 사람을 위한 것이고, 사람을 향하지 않는 기술은 그 어떤 진보도 의미를 갖기 어렵다. 그러므로 이 책은 시각장애인을 위한 다양한 인공지능 기술의 활용 사례를 살펴보고, 따뜻한 인공지능 기술이란 무엇인지, 그리고 앞으로 우리가 어떤 방향으로 인공지능 기술의 발전을 지향해야 할지를 함께 고민해 보고자 한다.

따뜻한 AI를 향한 10번의 여정

이 책은 총 10개의 장으로 구성되어 있으며, 각 장은 다음과 같은 기준과 목적을 바탕으로 구성되었다.

1장 '인공지능의 그늘'에서는 현재 빠르게 발전하는

인공지능 기술에 대한 사람들의 우려를 다양한 사례를 통해 살펴본다. 인공지능이 악용될 경우 어떤 방식으로 사회에 해를 끼칠 수 있는지를 이해함으로써, 인공지능 기술이 그러한 방향으로 발전하지 않도록 사회적 공감대를 형성하고 제도적 장치를 마련하는 데 필요한 문제의식을 갖추는 것이 이 장의 목적이다. 프라이버시 침해, 인공지능의 일자리 대체로 인한 사회 불평등 심화, 인공지능 기술의 전쟁이나 범죄에의 활용, 특정 계층만 기술의 혜택을 누리는 구조 등, 인공지능 기술 발전의 부정적인 영향은 이미 현실로 나타나고 있다. 또한 최근에는 가짜 뉴스나 딥페이크 이미지처럼 사람들을 속이고 여론을 왜곡하는 데 인공지능이 활용되는 사례도 늘고 있다. 1장에서는 이러한 실제 사례들을 통해 인공지능이 악용될 경우 우리가 어떤 위험을 마주하게 되는지를 살펴보고자 한다.

2장 '인공지능의 빛'에서는 인공지능 기술이 어떻게 사회에 긍정적인 영향을 미치고 있는지를 다양한 사례 중심으로 조망한다. 2012년 ImageNet Challenge에서 AlexNet(Krizhevsky et al., 2012)이 눈부신 성과를 보인 것을 시작으로 인공지능 기술은 빠르게 발전하여 이미 의료, 교육, 환경 등 다양한 분야에서 의미 있는 변화를 만들어 내고 있다. 이를테면, 조기 암 진단에서의 활용이나 시각장애인을 위한 이미지 설명 기술, 기후 변화 예측 등은 인공지능이 사회적 가치를 창출할 수 있다는 점을 잘 보여준다. 이러한 기술들이 우리에게 어떤 가능성을 제시하는지를 살펴봄으로써 바람직한 기술 발전 방향에 대한 공감대를 형성하고자 한다.

3장 '사회적 약자를 위한 인공지능'에서는 장애인, 노약자, 어린이와 같은 사회적 약자들을 위한 따뜻한 인공지능 기술을 소개한다. 인공지능을 포함한 기술의 발전은 종종 이들의 목소리를 반영하지 못한 채 소수의 필요와 관점에 따라 이루어지곤 한다. 하지만 그 속에서도 사회적 약자의 삶을 조금이라도 더 나은 방향으로 바꾸기 위해 고민하고 행동하는 연구자들이 있다. 이 장에서는 인공지능 기술이 어떻게 사회적 약자의 목소리를 반영하고, 이들이 매일 마주하는 일상의 장벽을 낮추는 데 사용되고 있는지를 보여주려 한다. 예를 들어, 시각장애인을 위한 설명형 비전 시스템, 자폐 스펙트럼 아동을 위한 감정 인식 도우미, 노인을 위한 대화형 돌봄 로봇 등 다양한 사례를 통해 인공지능 기술의 포용력을 살펴본다.

4장 '컴퓨터 비전의 기초와 발전'에서는 컴퓨터가 카메라를 통해 세상을 바라보고, 사람과 유사하게 세상을 인식하게 만드는 '컴퓨터 비전' 기술을 소개하며, 그 발전 과정을 간략히 살펴본다. 특히 이 책은 시각장애인을 위한 인공지능 기술을 주로 다루므로, 시각 정보를 기반으로 작동하는 컴퓨터 비전 기술은 이 책 전반에 걸쳐 소개되는 인공지능 활용 사례들의 핵심 기술로 사용된다. 따라서 이 장에서는 컴퓨터 비전 기술이 세상을 이해하는 방식을 큰 그림에서 조망해 보며, 이후 장들에서 다룰 시각장애인을 위한 로봇 기술이나 스마트폰 애플리케이션 등의 다양한 사례들을 보다 잘 이해할 수 있는 배경 지식을 제공하고자 한다.

5장 '시각장애인을 위한 컴퓨터 비전'에서는 컴퓨터 비전 기술이 실제로 시각장애인의 일상생활을 지원하기 위해 어떻게 활용되고 있는지를 소개한다. 예를 들어, 시각장애인이 직면하는 대표적인 어려움인 이동 중 장애물 회피, 주변 환경에 대한 이해 부족, 사물 식별, 문자 인식 등의 문제를 컴퓨터 비전 기반 기술로 해결한 사례들을 살펴본다. 이를 통해 컴퓨터 비전 기술이 실제 상황에서 시각장애인의 의사결정을 돕고, 일상에서 마주하는 다양한 장벽을 극복하는 데 어떻게 기여할 수 있는지를 이해할 수 있다.

6장 '로봇 기술과 시각장애인 지원'에서는 로봇 기술

이 시각장애인을 위해 어떤 방식으로 응용될 수 있는지를 다룬다. 동행 로봇, 안내 로봇 등 다양한 형태의 로봇 기술이 시각장애인의 독립성과 자율성을 높이기 위해 어떻게 발전하고 있는지를 구체적인 사례를 통해 살펴본다. 특히, 최근에는 전통적인 시각장애인 보조 도구인 흰 지팡이에 여러 가지 다종 센서들과 피드백 장치를 결합한 스마트 화이트케인이나 인공지능 기반의 로봇 안내견과 같은 형태로도 시각장애인을 위한 로봇 기술이 구현되고 있다. 이러한 기술은 단순한 경로 안내를 넘어 장애물 탐지, 실내외 환경 인식, 사용자 맞춤형 피드백 제공 등에서 큰 가능성을 보이고 있으므로, 시각장애인 지원을 위한 로봇 기술의 활용 가능성을 살펴보는 장이 될 것이다.

7장 '스마트폰과 컴퓨터 비전'에서는 스마트폰에 탑재된 컴퓨터 비전 기반 인공지능 기술들이 시각장애인을 어떻게 지원하고 있는지를 설명한다. 스마트폰은 현대인들이 일상에서 가장 의존하는 도구로, 단순한 통화를 넘어 인터넷 검색, 내비게이션, 금융 서비스, 쇼핑, 학습, 번역 등 수많은 분야에서 활용되며 이제는 인공지능 기술까지 내장되고 있다. 이러한 흐름 속에서 시각장애인을 위한 인공지능 기반 스마트폰 애플리케이션들도 많이 개발되었으며, 사용자들은 이를 통해 이미지 인식, 장면 설명, 문자 읽기, 물체 탐지 등 일상생활의 다양한 부분에 활용할 수 있다. 이 장에서는 이처럼 컴퓨터 비전 기반의 인공지능 기술이 모바일 환경에서 어떻게 구현되고 있으며, 시각장애인의 자율성과 정보 접근성을 어떻게 확장해 주고 있는지 사례를 통해 살펴본다.

8장 '시각장애인을 위한 이상 탐지와 VQA'는 저자가 현재 수행 중인 연구를 중심으로, 기존 시각장애인을 위한 인공지능 기술들이 충분히 다루지 못했던 시각장애인의 물리적 안전 문제와 프라이버시 보호 측면에서 컴퓨터 비전 기술을 활용하는 방법을 소개한다. 특히, 이 장에서는 저자의 연구인 360도 카메라를 활용한 이상 탐지(Anomaly Detection) 기술에 초점을 맞추어, 시각장애인이 마주할 수 있는 다양한 위험 상황과 프라이버시 침해 가능성을 모두 '이상'으로 정의하여 컴퓨터 비전 기술을 활용하여 효과적으로 탐지하는 기술을 소개한다. 또한, 최근 저자는 기존의 이상 탐지 연구를 시각적 질의 응답(Visual Question Answering, VQA) 연구로 확장하여, 시각장애인들이 자연어로 현재 주변 상황에 대해 궁금한 점을 인공지능 시스템에 질문하면, 이에 대해 자연어로 답변해 주는 방식을 연구하고 있다. 이는 시각장애인들이 일상생활에서 마주하는 다양한 어려움에 대한 장벽을 낮추고, 더 큰 독립성과 자율성을 지원하고자 하는 실질적인 목표를 지닌 연구다. 이 장에서는 이러한 최신 연구 사례를 바탕으로, 시각장애인을 위한 컴퓨터 비전 기술이 어떻게 더 따뜻하고 안전한 방향으로 발전할 수 있는지를 살펴본다.

9장 '시각장애인과 함께, 현장의 목소리'는 저자가 최근에 연구 중인 또 다른 주제로, 실제 시각장애인과의 협업을 통해 현장의 목소리를 반영한 인공지능 기술 개발이 어떻게 이루어지는지를 저자의 연구 사례를 중심으로 소개한다. 특히 HCI(Human-Computer Interaction) 연구 방법론을 활용하여 실제 시각장애인들이 근무하는 환경에서 장기간 함께 생활하며 그들의 행동을 관찰(Observation)하고, 이를 바탕으로 심층 인터뷰와 설문조사를 진행하여 시각장애인의 실제 요구를 분석한다. 이러한 현장 연구는 단순한 기술 개발을 넘어 사용자의 진짜 목소리를 반영하고, 기술이 실질적이고 의미 있는 도움을 줄 수 있도록 하는 데 중점을 둔다. 이 장에서는 이러한 협력적 연구 과정과 현장에서 얻은 인사이트가 어떻게 인공지능 기술 설계에 반영되고 있는지를 살펴본다.

10장 '사람을 향한 기술, 따뜻한 AI'에서는 앞선 장들을 바탕으로, 인공지능 기술이 앞으로 어떤 방향으로 발전해야 할지를 다시 한번 정리한다. 인공지능 발전의 빛과 그늘, 그리고 시각장애인을 위한 구체적 사례들을 통해 사회적 약자를 위한 기술의 중요성을 되짚어본다. 또한 최근 국내외에서 시작된 제도적 장치나 정책적 시도들을 소개하며, 기술이 단순한 도구를 넘어 사람을 진심으로 이해하고 돕는 방향으로 나아가야 함을 함께 생각해 본다. 이를 통해 인공지능이 더욱 따뜻하고 포용적인 사회를 만드는 데 기여할 수 있기를 기대하며 책을 마무리한다.

이 책은 시각장애인을 위한 인공지능 기술을 중심으로 새로운 기술이 우리 사회에 어떤 영향을 미치는지를 성찰하고, 그 기술이 누구를 향하고 있는지를 묻는 여정을 담고자 했다. 기술이 사회의 모든 구성원을 포용하려면, 소외되기 쉬운 이들의 목소리에도 귀를 기울이고, 그들을 위한 기술도 함께 설계해야 한다고 생각한다. 하루가 다르게 빠르게 발전하는 인공지능 기술의 흐름 속에서, 우리는 단지 기술의 완성도 및 발전 속도뿐 아니라 그 방향까지도 신중히 고민할 필요가 있다. 이 책이 따뜻한 인공지능으로 나아갈 가능성을 찾는 사람들에게 작

게나마 도움이 되기를 바라며 서문을 마친다.

참고문헌

Christensen, A. C.(2023.5.15). To accelerate search for an Alzheimer's cure, scientists use artificial intelligence to identify likely drug targets. University of Arizona College of Medicine. https://medicine.arizona.edu/news/2023/accelerate-search-alzheimers-cure-scientists-use-artificial-intelligence-identify-likely

Google AI Societal impact. https://ai.google/societal-impact/

Krizhevsky, A. et al.(2012). ImageNet classification with deep convolutional neural networks. *Advances in neural information processing systems, 25*, pp.1097~1105.

Narayan, J. et al.(2023.4.5). Elon Musk and others urge AI pause, citing 'risks to society'. Reuters. https://www.reuters.com/technology/musk-experts-urge-pause-training-ai-systems-that-can-outperform-gpt-4-2023-03-29

Simonite, T.(2019.3.20). Fei-Fei Li Wants AI to Care More About Humans. Wired. https://www.wired.com/story/fei-fei-li-ai-care-more-about-humans/

Thorstad, R. & Wolff, P.(2019). Predicting future mental illness from social media: A big-data approach. *Behavior research methods, 51*(4), pp.1586~1600.

01
인공지능의 그늘

인공지능은 대부분 산·학계 전문가들의 예상을 뛰어넘는 속도로 빠르게 발전하고 있으며, 각국의 집중적인 투자로 그 속도는 더욱 가속화되고 있다. 그러나 인공지능의 눈부신 성과 뒤에는 기술의 부작용과 기술의 악용에 대한 사회적 우려가 함께 존재한다. 이 장에서는 2012년 AlexNet 이후 급격히 성장해 온 인공지능이 불러온, 그리고 앞으로 불러올 수 있는 어두운 측면을 사례와 함께 살펴본다.

기후 위기와 인공지능?

딥페이크(Deepfake)와 가짜 뉴스

2025년 현재, 우리가 가장 뚜렷하게 체감하는 인공지능 기술 발전의 부작용 중 하나는 딥페이크를 이용한 가짜 뉴스일 것이다. 딥페이크 기술은 AI를 이용하여 가짜 영상이나 목소리 등을 생성하여 사람들을 속이고, 불필요한 감정적 소모를 일으키며, 이는 사회 전반의 소통에 대한 불신을 확대한다. 특히 최근에는 생성형 AI의 급격한 발전으로 인해 가짜 영상이나 뉴스의 제작이 보다 쉬워져 그 피해의 파급력이 더욱 커지고 있다.

2024년 미국 대선 경선 당시 조 바이든 전 대통령의 목소리를 흉내 낸 딥페이크 전화 사기 사건은 딥페이크 기술로 인한 사회적 피해를 단적으로 보여주는 사례라고 할 수 있다. 미국 뉴햄프셔주에서 발생한 이 사건은 AI가 생성한 로보콜(robocall)이 조 바이든 전 대통령의 목소리를 모방하여 "투표하지 말라"는 메시지를 유권자들에게 전달하며 실제 선거 과정에 혼란을 일으켰다(The Washington Post, 2024). 이 사건은 단순한 선거 과정 중 발생한 해프닝을 넘어, 인공지능 기술이 민주주의 제도와 사회적 신뢰에 심각한 위협이 될 수 있음을 보여준다.

조 바이든 전 미국 대통령 사례가 인공지능 기술이 정

치적 질서를 위협한 사건이라면, 2024년에 발생한 영국 Arup사의 피해 사례는 딥페이크 기술이 경제적 차원에서도 심각한 피해를 초래할 수 있음을 보여준다. 2024년 5월, 영국의 글로벌 엔지니어링 기업 Arup의 홍콩 지사에서 근무하던 한 직원은 상부로부터 긴급한 송금 요청을 받았다. 당시 직원은 회사 최고재무책임자(CFO)와 화상 회의를 진행하고 있었으며, 화면 속 인물은 익숙한 얼굴과 목소리를 지닌 회사의 CFO였고, 회의에 참여한 다른 동료들의 모습까지 모두 자연스럽게 재현되어 있었다. 그러나 이 모든 것은 인공지능으로 정교하게 조작된 가짜였다. 해당 직원은 이를 진짜 회의라고 믿고 수차례의 송금을 진행했으며, 그 결과 회사 자금 약 2550만 달러가 범죄자들의 계좌로 이체되고 말았다. 사고 이후 Arup 측은 회사의 재정적 안정성에는 큰 영향이 없다고 밝혔지만, 이 사건은 딥페이크 기술이 단순히 특정인의 음성 모방을 넘어 얼굴, 표정, 대화의 맥락까지 재현하며 실제 기업 운영과 금융 시스템에 심각한 위협이 될 수 있음을 보여주었고, 국제사회에 큰 충격을 주었다(The Guardian, 2024).

국내에서도 딥페이크 기술을 활용한 가짜 뉴스의 확산과 그 피해 사례가 점차 늘어나면서 사회 전반에 큰 파장을 일으키고 있다. 특히 최근에는 유명인 혹은 피해자의 가족을 사칭하는 방식의 사기 사건이 자주 발생하여 많은 사회적 관심과 우려를 불러일으키고 있다. 대표적인 사례로 2023년 10월, 국내 유명 경제 유튜버인 슈카가 출연한 것으로 보이는 딥페이크 광고 영상이 유튜브를 비롯한 다양한 소셜 미디어를 통해 확산되며 논란이 된 적이 있다. 이 광고 영상에서 슈카는 특정 암호화폐 거래소를 추천하는 듯한 모습이었으나, 이는 딥페이크 기술을 이용해 슈카의 얼굴과 목소리를 합성하여 제작된 가짜 영상임이 후에 밝혀졌다. 이 사건은 딥페이크 기술이 상업적 목적으로 악용될 수 있음을 보여주는 대표 사례이며, 또한 유명인의 이미지와 신뢰를 심각하게 훼손할 수 있음을 보여주는 사건이라고 할 수 있다(연합뉴스, 2024).

또 다른 사례로, 2024년 7월경 인공지능 기반 '딥보이스' 기술을 악용하여 딸을 사칭한 사기 사건이 발생할 뻔한 적이 있다. 사기범은 피해자의 딸과 거의 비슷한 음색과 말투로 전화를 걸어 급하게 돈을 보내달라고 요청하였다. 피해자는 목소리와 말투가 딸과 흡사하여 송금을 하려 했으나, 다행히 은행 창구 직원의 기지로 피해로 이어지지는 않았다. 경찰은 인공지능 기술 악용 가능성을 제기하며, 딥페이크 기술을 악용한 범죄의 위험성을 시민들에게 경고한 바 있다(KBS 뉴스, 2024).

이렇듯 딥페이크 기술이 점차 발전하고 기술의 사용이 더욱 쉬워지면서, 국내외에서 딥페이크와 가짜 뉴스로 인한 피해 사례가 점차 증가하고 있다. 이는 인공지능 기술을 연구 · 개발하는 산 · 학계 전문가들이 의도하지 못했던 기술의 어두운 면을 보여주는 대표적인 사례라고 할 수 있다.

프라이버시 침해와 데이터 편향

인공지능 기술 발전의 또 다른 그림자는 데이터(Data)에서 비롯된다. 인공지능은 방대한 데이터를 기반으로 학습하고 작동하는데, 이 과정에서 두 가지 문제가 두드러진다. 하나는 데이터의 편향성으로 인해 인공지능 알고리즘이 한 개인 또는 집단에 대해 불공정하거나 차별적인 결정을 내릴 수 있다는 것이고, 다른 하나는 인공지능 모델의 학습 데이터 수집 과정에서 개인 프라이버시 침해가 발생할 가능성이 높다는 점이다. 이러한 문제들이 다양한 인공지능 서비스들이 사회 곳곳으로 빠르게 확산되고 있는 지금, 그대로 방치된다면 앞으로 더 심각한 결과로 이어질 수 있다.

데이터 편향 문제가 사회적 관심을 받게 된 대표적인 사례는 미국 사법 제도에서 활용되고 있는 인공지능 기반 범죄 예측 알고리즘 Correctional Offender Management Profiling for Alternative Sanctions (COMPAS)를 둘러싼 논란이었다. COMPAS 모델은 피고인의 과거 전과 기록과 생활 패턴 등을 바탕으로 재범 가능성을 예측하도록 설계되었지만, 실제 모델의 성능 평가 결과 흑인 피고인이 재범 고위험군으로 잘못 분류될 가능성이 백인보다 거의 두 배 높았으며, 전체적인 정확도 또한 낮은 것으로 나타났다(ProPublica, 2016). 이 사례는 데이터를 기반으로 학습된 인공지능 알고리즘의 경우 사람의 주관적 판단이 개입되지 않아 겉으로는 객관적으로 보일 수 있지만, 실제로는 학습 데이터와 불투명한 알고리즘 설계에 따라 편향을 내포할 수 있으며, 나아가 사회적 불평등을 심화시킬 수 있음을 보여준다.

인공지능 알고리즘은 또한 학습 데이터를 수집하는 과정에서 프라이버시 침해 문제를 일으킬 수 있다. 이러한 문제는 생체 인식 기술과 스마트 기기의 확산과 맞물려 더욱 두드러진다. 예를 들어, 2019년 중국 항저우의 한 야생 동물 공원은 기존의 지문 기반 회원 인증 방식을 얼굴 인식 시스템으로 교체하며 방문객의 얼굴 데이터를 수집했다. 그러나 이는 사전 동의 없이 이루어진 것이었고, 한 대학 교수는 자신의 얼굴 정보가 무단 수집·저장되었다며 소송을 제기했다. 법원은 공원이 얼굴 정보를 삭제하고 원고에게 배상금을 지급하라고 판결했으며, 이는 중국에서 첫 번째 얼굴 인식 남용에 대한 법적 대응 사례로 기록되었다. 이 사건은 사용자 편의성을 이유로 다양한 서비스에서 사용되고 있는 인공지능 기반 생체 인식 기술이 개인의 정보 주권을 침해할 수 있다는 점을 분명히 보여주었다(SCMP, 2020).

이와 유사한 프라이버시 침해 사례로 스마트 스피커와 음성 비서 서비스를 들 수 있다. 2023년 Amazon의 인공지능 스피커 서비스인 Alexa는 사용자와 나눈 대화를 학습 데이터로 활용하는 과정에서 사용자 동의 없이 녹음을 저장하거나 제3자에게 전송한 사례가 드러났다. 또한 일부 사용자에게는 자신이 한 적 없는 대화가 전송되거나 의도치 않게 가정 내 대화가 기업 서버에 기록되는 일이 발생했다. 더 나아가 2025년 Amazon은 기존에 제공하던 "음성 녹음 전송 거부" 기능을 중단한다고 밝혀 프라이버시 보호에 대한 사용자들의 불신을 더욱 키우기도 했다. 이는 인공지능 기반 서비스가 개인의 사적 영역을 침해하면서도, 사용자에게 사실상 선택권을 주지 않는 구조적 문제를 드러낸 사건으로 생각된다(AP News, 2025).

이러한 사례들은 공통적으로 데이터는 인공지능의 심장부이지만, 동시에 사회적 위험의 원천이기도 하다는 점을 시사한다. 데이터 편향은 사회 제도와 개인의 삶에 불공정한 영향을 미칠 수 있으며, 프라이버시 침해는 개개인의 가장 사적이고 내밀한 영역까지 기술이 침범하게 만든다. 결국 인공지능 기술이 사회적 신뢰를 얻기 위해서는 데이터 수집의 투명성, 알고리즘 공정성 검증, 그리고 개인정보 보호 장치가 반드시 확보되어야 할 것이다.

일자리 위협과 AI의 군사적 활용

인공지능의 빠른 발전이 가져오는 또 다른 우려 중 하나는 바로 '기술적 실업'이다. 산업혁명 당시 기계화로 인해 많은 직조공이나 농업 노동자들이 일자리를 잃었던 것과 마찬가지로, 인공지능 기술의 발전은 인간의 노동력을 기반으로 하던 여러 직업을 대체할 가능성을 안고 있다. 예를 들어 사무직 데이터 입력, 물류 창고 작업, 소매점 계산 등 반복적이고 규칙적인 업무는 인공지능과 자동화 기술로 대체되기 쉬운 영역으로 꼽힌다.

실제로 일본 노무라종합연구소와 영국 옥스퍼드대학 연구진이 공동으로 진행한 연구에 따르면, 앞으로 20년 내 일본 노동 인구의 절반이 로봇과 인공지능에 의해 대체될 가능성이 있으며, 특히 택시 운전사, 마트 계산원, 경비원, 일부 사무직 등 반복적 · 정형적 업무가 가장 취약한 것으로 분석되었다(Nomura Research Institute & Oxford University, 2015). 이는 단순히 특정 직업군의 감소를 넘어, 사회 전체의 노동 구조와 직업 안정성에 큰 영향을 미칠 수 있음을 시사한다.

세계적으로 급증하고 있는 인공지능 기술의 군사적 활용 또한 많은 연구자들이 우려하는 인공지능 발전의 어두운 면 중 하나다. 인류사를 돌아보면, 최신 과학 기술은 종종 전쟁과 군사 분야에 큰 영향을 미쳐 왔다. 이런 맥락에서 현재 진행 중인 인공지능 기술의 군사적 활용은 어느 정도 예상할 수 있는 수순일지도 모른다. 이미 인공지능 기술은 현대 전장에서 정보 수집, 감시, 전투 시뮬레이션, 자율 무기 체계 등 다양한 분야에서 핵심 요소로 자리 잡고 있다. 예를 들어, 미국 국방부는 'Loyal Wingman' 프로젝트를 통해 무인 전투기를 자율적으로 편대 비행하게 하고, 위험 지역에서의 정찰과 전투 지원 임무를 수행하도록 개발하고 있다(Defense News,

2023). 또한 중국과 러시아 등 주요 군사 강국도 자율 무기 체계와 AI 기반 전술 시스템 개발을 활발히 진행하고 있어, 인공지능이 군사 경쟁에서 중요한 전략 자산으로 자리 잡고 있음을 보여준다.

하지만 기존 기술과 달리 인공지능 기술의 군사적 활용이 특별히 우려되는 이유는 기술의 활용에 따른 인간성의 상실 가능성 때문이다. 윤리적 논란의 중심에는 흔히 '킬러 로봇(autonomous lethal weapons)'이라 불리는 자율 무기 체계가 있다. 이러한 시스템은 인간의 직접 개입 없이 목표를 탐지하고 공격을 수행할 수 있으며, 잘못된 판단으로 민간인 피해를 초래할 가능성도 존재한다. 실제로 2020년 예멘 내전에서는 드론과 자율 무기 시스템이 민간인 피해를 유발했다는 보고가 있으며, 국제 사회에서는 이러한 사례를 근거로 자율 무기 규제 논의가 활발히 진행되고 있다(Human Rights Watch, 2020).

결국 인공지능의 군사적 활용은 기술적 효율성을 높이는 한편, 전쟁 수행 과정에서 인간의 통제와 도덕적 판단을 희석할 위험을 내포하고 있다. 이에 따라 군사 분야에서 인공지능을 활용할 때는 기술 개발과 함께 윤리적 기준, 국제 규범, 그리고 인간의 최종 결정권 확보가 반드시 병행되어야 한다.

에너지 소비와 탄소 배출

이 장을 마치기에 앞서 마지막으로 짚어보고 싶은 인공지능 발전의 그늘은 바로 기술의 발전에 수반되는 막대한 에너지 비용과 탄소 배출량이다. 오늘날 인공지능 기술의 대부분은 Deep Neural Networks(DNNs)를 기반으로 동작하는데, DNNs 기반의 인공지능 모델은 학습 과정에서 때로는 수십, 수백 개의 GPU(Graphics Processing Units)와 TPU(Tensor Processing Units)의 사용을 요구한다. 특히 최신 인공지능 모델들은 파라미터 수가 기하급수적으로 증가하면서, 한 번의 학습 과정만으로도 엄청난 전력을 소모한다.

실례로, 2019년 미국 매사추세츠대학 연구팀은 자연어 처리(NLP) 모델의 학습에 필요한 에너지를 분석한 결과, 대형 모델 하나를 학습시키는 과정에서 발생하는 탄소 배출량이 자동차 한 대가 평생 동안 배출하는 양(약 62만 6000파운드 CO_2)과 맞먹는다고 보고했다(Strubell et al., 2019). 이후 GPT-3, GPT-4 같은 초거대 언어 모델은 수천억 개의 파라미터를 학습해야 했기 때문에 그 규모는 훨씬 더 커졌으며, 업계 전문가들은 단일 모델 학습에 소요되는 전력이 수백 가구가 1년 동안 사용하는 전력량에 해당한다고 지적한다.

이 문제는 단순히 연구실 차원의 고민을 넘어선다. 구글(Google)은 2021년 자사의 AI 서비스를 유지하기 위해 전 세계 데이터센터에서 사용되는 전력이 덴마크 한 나라 전체 전력 소비량에 맞먹는다고 발표한 바 있다. 마이크로소프트(Microsoft) 역시 2023년 보고서를 통해 클라우드 및 AI 서비스 수요가 급격히 늘어나면서 자사의 탄소 배출량이 2020년 대비 34% 증가했다고 공개했다. 이는 인공지능 발전이 디지털 혁신을 견인하는 동시에, 기후 위기와 직결되는 부담을 안겨주고 있음을 단적으로 보여준다.

물론 업계에서는 이러한 문제를 해결하기 위한 노력이 진행 중이다. Google과 Meta는 2017년과 2018년 각각 데이터센터를 100% 재생 에너지로 운영하겠다는 목표를 세웠으며, 최근에는 '그린 AI'라 불리는 연구 분야도 주목받고 있다. 그린 AI는 인공지능 모델의 성능 향상뿐만 아니라 에너지 효율성을 동시에 추구하는 접근으로, 작은 연산량으로도 충분한 성능을 내는 경량 모델, 하드웨어 최적화, 알고리즘 효율화 등을 중심으로 발전하고 있다.

그러나 여전히 인공지능의 발전 속도와 사용 규모가 워낙 빠른 만큼, 현재의 대응으로는 충분하지 않다는 지적도 많다. 인공지능이 미래 사회의 필수 인프라로 자리 잡아 가는 과정에서, 그 이면에 있는 에너지와 환경 부담 역시 우리가 반드시 직시해야 할 과제일 것이다.

참고문헌

연합뉴스(2024.2.16). "슈카 딥페이크 가상자산 사기 기승… 금융당국 경고령".

KBS(2024.07.25) "딸 목소리 똑같은데"…인공지능 '딥보이스' 악용한 사기까지. https://www.youtube.com/watch?v=vhIZF7dAAjs

Angwin, J. et al.(2016). Machine Bias. ProPublica.

AP News(2025). Amazon ends little-used privacy feature that let Echo users opt out of sending recordings to company. https://apnews.com/article/amazon-privacy-echo-7fb3c19fa7f664bde5c5be259f8b23ee

Defense News(2023.12.30). New in 2024: Air Force plans autonomous flight tests for drone wingmen. https://www.defensenews.com/air/2023/12/30/new-in-2024-air-force-plans-autonomous-flight-tests-for-drone-wingmen/

Google Sustainability Report(2021). 24/7 Carbon-Free Energy by 2030. https://sustainability.google

Human Rights Watch(2020.08.10). Stopping Killer Robots. https://www.hrw.org/report/2020/08/10/stopping-killer-robots/country-positions-banning-fully-autonomous-weapons-and

Microsoft(2024). Sustainability Report 2024. https://cdn-dynmedia-1.microsoft.com/is/content/microsoftcorp/microsoft/msc/documents/presentations/CSR/Microsoft-2024-Environmental-Sustainability-Report.pdf

Nomura Research Institute & Oxford University(2017). The future of employment: How susceptible are jobs to computerization?.

Patterson, D. et al.(2021). Carbon Emissions and Large Neural Network Training. arXiv:2104.10350.

SCMP(2020). Chinese court orders wildlife park to delete facial recognition data as privacy concerns grow among Chinese citizens. South China Morning Post.

Strubell, E. et al.(2019). Energy and Policy Considerations for Deep Learning in NLP. *Proceedings of the 57th Annual Meeting of the Association for Computational Linguistics.*

The Guardian(2024.5.17). UK engineering firm Arup falls victim to £20m deepfake scam. https://www.theguardian.com/technology/article/2024/may/17/uk-engineering-arup-deepfake-scam-hong-kong-ai-video

The Washington Post(2024.1.22). Fake Biden robocalls urge Democrats not to vote in New Hampshire primary. https://www.washingtonpost.com/politics/2024/01/22/biden-robocall-new-hampshire-primary/

Walsh, T.(2017.3.10). Beware the killer robots. https://www.unsw.edu.au/newsroom/news/2017/03/beware-the-killer-robots

02
인공지능의 빛

운전자가 없이도 달리는 자율주행 자동차, 외국어를 몰라도 해외여행을 가능하게 하는 실시간 번역기, 영화 속 주인공들이 사용하던 인공지능 비서. 이들은 불과 10여 년 전만 해도 SF 영화 속에 머물렀던, 필자가 어릴 적 꿈꾸던 기술들이었다. 그러나 최근 인공지능 기술의 빠른 발전은 이러한 상상을 현실로 바꾸어 놓으며, 우리 삶의 곳곳에 스며들어 생활 방식을 크게 변화시키고 있다. 이 장에서는 사례를 기반으로 인공지능이 가져온 밝은 면모와 긍정적인 변화를 살펴보고자 한다.

노래하는 AI 보컬?

인공지능 기술이 불러온 삶의 풍요

지난 10여 년간 인공지능의 발전을 되돌아볼 때, 대중의 뇌리에 가장 강렬하게 남은 사건 중 하나는 단연 2016년 알파고(AlphaGo)와 이세돌 9단의 바둑 대결일 것이다. 인공지능이 인간 최고 기사를 꺾는 장면은 단순한 경기의 승패를 넘어, "인공지능이 인간을 능가할 수 있다"는 충격과 경이로움을 동시에 안겨주었다. 필자 역시 당시 학생으로서 인공지능을 공부하던 입장에서 이 경기를 유심히 지켜보았고, 결과뿐 아니라 그 과정에 쏟아진 전 세계적 관심과 열광에 적잖이 놀랐던 기억이 있다. 알파고와 이세돌의 대결은 인공지능 기술이 본격적으로 대중의 눈앞에 모습을 드러낸 상징적인 사건이었다.

그로부터 불과 몇 년 뒤, 대중이 직접 체감한 또 다른 결정적 사건은 2022년 말 OpenAI가 공개한 ChatGPT라고 생각한다. 누구나 무료로 접속해 대화를 나눌 수 있는 이 서비스는 출시 직후 전 세계적으로 폭발적인 반향을 일으켰다. ChatGPT는 단순히 질문에 답하는 수준을 넘어, 글을 작성하고 프로그래밍 코드를 짜며 학습과 업무를 보조하는 다재다능한 "대화형 동반자"로 자리매김했다. 실제로 2023년 3월, ChatGPT 서비스가 일시적으로 중단되자 수많은 사용자들이 큰 혼란을 겪었던 일은 인공지능이 얼마나 빠른 시간 안에 우리의 생활 깊숙이 스며들었는지를 보여주는 사례였다.

이렇듯 오늘날 인공지능은 특정 전문가의 도구를 넘어, 일반 대중의 삶의 질을 개선하는 수단으로 자리 잡아가고 있다. 예컨대, 인공지능 스피커는 음성 명령만으로 음악을 재생하고 일정을 관리하며 가정 내 스마트 기기들을 제어할 수 있게 한다. 자율주행 기술은 아직 완전한 상용화 단계에는 이르지 않았지만, 운전자 보조 기능을 중심으로 점차 발전하고 있으며, 교통사고를 줄이고 이동 편의를 크게 높일 가능성을 보여준다. 또한 GitHub Copilot과 같은 AI 기반 프로그래밍 도구는 개발자의 업무 효율성을 비약적으로 높여주며, 초보자도 손쉽게 코드를 작성할 수 있게 돕고 있다.

더 나아가 생성형 인공지능의 발전은 음악, 미술, 영상, 글쓰기 등 다양한 창작 영역에도 새로운 지평을 열고 있다. 이제는 전문가뿐 아니라 일반인도 인공지능을 통해 그림을 그리고, 음악을 작곡하며, 영상을 제작할 수 있다. 교육 분야에서도 인공지능은 학습자의 수준과 속도에 맞춘 맞춤형 학습을 제공하며, 물류 산업에서는 수요 예측과 경로 최적화를 통해 효율을 극대화하고 있다.

이처럼 인공지능은 더 이상 먼 미래의 기술이 아니다.

알파고가 보여준 충격과 ChatGPT가 불러온 일상 속 혁신을 지나, 지금 우리는 인공지능이 삶의 다양한 영역에서 풍요로움을 확장해 나가는 과정을 직접 목격하고 있다. 인공지능의 '빛'은 우리가 매일 사용하는 서비스와 기술을 통해 점점 더 우리 곁으로 다가와 우리 삶을 보다 편리하고 풍요롭게 바꿔가고 있다.

인공지능, 연구와 혁신의 가속 엔진

인공지능 기술의 발전이 가져온 또 다른 긍정적인 효과 중 하나는, 인공지능 기술이 다른 학문 분야의 발전을 촉진하는 가속 엔진 역할을 할 수 있다는 점이다. 이는 인공지능 기술의 발전이 단순히 인공지능이나 컴퓨터 과학 분야 자체의 성장에만 그치는 것이 아니라 의료, 과학, 공학, 사회 연구 등 여러 영역에서 활용되어 각 분야에서 새로운 가능성을 열어 주는 기반 기술로 사용될 수 있다는 것을 의미한다.

인공지능 기술 기반 연구 혁신의 대표 사례는 신약 개발이라고 생각한다. 그동안 전통적인 신약 개발의 경우 후보 물질 발굴부터 임상시험까지 평균 10년 이상이 걸리고, 수십억 달러에 달하는 비용이 투입되는 초대형 프로젝트로 여겨졌다. 하지만 최근에는 인공지능 기반의 단백질 구조 예측 모델(예: DeepMind의 AlphaFold)과 신약 후보 물질 탐색 모델이 도입되면서, 특정 단백질의 3차원 구조를 단 며칠 만에 예측하거나, 약물 후보군을 기존보다 수십 배 빠르게 선별할 수 있게 되었다. 실제로 2020년대 들어 다수의 글로벌 제약사들이 인공지능 스타트업과 협업하여 신약 후보 발굴 시간을 평균 수 년에서 수개월 단위로 단축하는 성과를 내고 있다. 이는 단순한 효율화가 아니라 인류의 생명을 구하는 의학 발전의 속도를 크게 끌어올린다는 점에서 특히 주목할 만하다.

또한 인공지능은 과학적 난제 해결의 보조자로도 자리매김하고 있다. 과거에는 인류가 풀기 어려웠던 방대한 데이터 기반 문제들이 인공지능 덕분에 빠르게 해법을 찾고 있다. 예컨대, 물리학과 화학에서는 초고속 시뮬레이션을 통해 실험에 수십 년이 걸릴 계산을 단 며칠만에 수행할 수 있게 되었으며, 천문학에서는 인공지능이 망원경 데이터에서 새로운 외계 행성이나 은하를 찾아내는 데 활용되고 있다. 인공지능 모델이 수많은 데이터 속에서 패턴을 찾아내고, 이를 토대로 기존 연구자들이 놓칠 수 있는 가설을 제시함으로써 과학의 발전 속도를 전례 없이 가속하고 있는 것이다.

이러한 흐름은 업무상 협업의 방식에서도 잘 드러난

다. 최근에는 인간 전문가와 인공지능 모델을 비교하거나 협력시키는 대회가 여러 차례 열렸는데, 특정 분야에서는 인공지능 모델이 인간 연구자 팀보다 더 빠르게 최신 성과(State of the Art, SOTA)를 달성하기도 했다. 이와 같이 기계 학습 기반 논문 분석, 데이터 마이닝, 알고리즘 최적화 등의 연구 분야에서는 이미 "인공지능과 함께하는 연구"가 새로운 연구 패러다임으로 자리 잡아가고 있다.

앞으로 인공지능의 발전은 이러한 경향을 더욱 심화시킬 것으로 전망된다. 의료와 과학뿐 아니라 사회학·경제학 연구에서도 인공지능은 복잡한 사회 현상을 모의실험하고 정책 효과를 검증하는 데 중요한 도구가 될 것이다. 과거와 비교할 수 없을 만큼 빠른 속도의 발견과 혁신이 가능해지면서, 우리는 인공지능 덕분에 새로운 '가속의 시대'를 살아가고 있다고 해도 과언이 아니다.

안전을 설계하는 인공지능

인공지능 기술은 또한 우리가 적절히 활용하기만 한다면 우리 삶을 보다 안전하게 만드는 도구가 될 수 있다. 기술의 발전이 단순한 편리함을 제공하는 것을 넘어, 사고를 예방하고 위험을 조기에 탐지하여 사고에 대한 대응 시간을 단축하는 데 인공지능이 중요한 역할을 할 수 있기 때문이다.

이와 같은 '인공지능'과 '안전'이라는 키워드를 떠올렸을 때 가장 먼저 생각할 수 있는 대표적인 사례는 지능형 CCTV(Intelligent Closed-Circuit Television)의 활용일 것으로 생각한다. 기존의 CCTV가 단순히 영상을 저장하는 수동적 도구였다면, 지능형 CCTV는 영상 분석 알고리즘을 통해 이상 행동이나 위험 상황을 실시간으로 감지할 수 있다. 예를 들어, 공공장소에서의 폭력 사건 발생, 침입 시도, 화재 연기 감지 등을 즉시 포착해 관계 당국에 알림을 제공하는 것이 가능하다. 이러한 기술은 범죄 예방과 사건 대응 시간을 크게 줄여 우리 사회의 안전망을 강화하는 데 기여할 수 있다.

비슷한 원리는 가정 내 안전에도 적용할 수 있다. 인공지능 기반 베이비 모니터(Baby Monitor)는 아기의 울음소리를 단순히 감지하는 수준을 넘어, 수면 패턴 분석이나 위험 자세(예: 뒤집힌 상태에서 호흡 곤란 위험)까지 실시간으로 인식할 수 있다. 유사하게 고령자 케어 분야에서 활용되기 시작한 인공지능 기반의 낙상 감지 시스템은 관측 대상자의 평소 움직임 패턴을 학습한 후 이상 징후를 조기에 경고하거나 낙상 발생 시 즉시 보호자에게 알림을 전송하는 기능을 탑재하고 있다. 이는 고령화 사회로 접어든 현재, 안전한 생활을 보장하는 핵심 기술로 주목받고 있다.

교통 안전 역시 인공지능이 빛을 발하는 영역이다. 자율주행 자동차의 핵심 기능 중 하나는 보행자나 다른 차량의 움직임을 사전에 분석하여 충돌 위험을 미리 차단하는 것이다. 횡단보도에서 갑자기 뛰어드는 보행자, 갑작스러운 차선 변경 등 사람이 즉각적으로 반응하기 어려운 상황에서도 인공지능은 센서와 알고리즘을 활용해 수 밀리초 단위로 제동이나 회피를 실행할 수 있다. 이는 운전자와 보행자 모두의 안전성을 크게 향상할 수 있는 기반 기술로 여겨진다.

더 나아가 인공지능은 환경 안전과 재난 대응에도 활용된다. 위성 사진과 센서 데이터를 학습한 인공지능 모델은 산불의 확산 경로를 예측하거나, 홍수 · 지진 발생 가능성을 조기에 경고할 수 있다. 실제로 미국과 호주 등지에서는 인공지능이 산불 발생 초기 징후를 포착해 피해 규모를 줄이는 데 기여하고 있으며, 기후 변화에 따른 해수면 상승이나 농업 피해를 사전에 분석해 정책 대응에 활용하기도 한다.

이처럼 인공지능은 단순히 편리함을 넘어 사고를 예

방하고, 위험을 줄이며, 환경 변화에 대응하는 데 중요한 안전망으로 진화하고 있다. 물론 프라이버시 문제나 오작동에 따른 우려도 존재하지만, 적절한 규제와 관리 체계가 뒷받침된다면 인공지능은 우리가 사는 사회를 이전보다 훨씬 더 안전한 공간으로 만들어줄 수 있을 것이다.

참고문헌

Algiriyage, N. et al.(2022). Multi-source multimodal data and deep learning for disaster response: a systematic review. *SN Computer Science, 3*(1), 92.

Goodall, N. J.(2014). Machine ethics and automated vehicles. *Road Vehicle Automation*, pp.93~102. Springer.

G. Sreenu and M. A. Saleem Durai(2019). Intelligent video surveillance: a review through deep learning techniques for crowd analysis. *Journal of Big Data, 6*(1), 1~27.

Jumper, J. et al.(2021). Highly accurate protein structure prediction with AlphaFold. *Nature, 596*(7873), pp.583~589.

Marcus, G. & Davis, E.(2019). Rebooting AI: Building Artificial Intelligence We Can Trust. Pantheon.

Rolnick, D. et al.(2019). Tackling climate change with machine learning. arXiv preprint arXiv:1906.05433.

Subramaniam, S. et al.(2022). Wearable sensor systems for fall risk assessment: A review. *Frontiers in digital health*, 4, 921506.

Wang, H. et al.(2023). Scientific discovery in the age of artificial intelligence. *Nature, 620*(7972), 47~60.

Zhang, K. et al.(2025). Artificial intelligence in drug development. *Nature medicine, 31*(1), 45~59.

Zhavoronkov, A. et al.(2019). Deep learning enables rapid identification of potent DDR1 kinase inhibitors. *Nature Biotechnology, 37*(9), pp.1038~1040.

03
사회적 약자를 위한 인공지능

많은 기술 발전이 그렇듯, 인공지능도 처음에는 다소 차갑게 느껴질 수 있다. 그러나 연구 현장에서는 장애인, 노인, 어린이 등 약간의 배려를 더 필요로 하는 이들을 위한 따뜻한 인공지능 기술 또한 꾸준히 개발되고 있다. 따라서 이 장에서는 이들의 일상 속 어려움을 덜어주는 데 기여한 연구 사례들을 살펴본다. 이를 통해 인공지능이 단순한 효율과 성능을 넘어, 사람을 향한 따뜻함으로 나아갈 수 있음을 생각해 보고자 한다.

인공지능과 편향?

소통을 잇는 동반자: 청각장애인을 위한 AI

필자는 어려서부터 오른쪽 귀가 들리지 않는다. 그래서 소리의 방향을 읽지 못하고, 소음이 있는 환경에서는 종종 대화에 어려움을 겪기도 한다. 어린 시절에는 가끔 어느 날 갑자기 왼쪽 귀까지 잘 들리지 않게 되면서, 소리를 영영 잃어버릴까 봐 때로는 작은 소리에도 귀를 기울이며 스스로 청력을 점검하기도 했다. 이런 경험 덕분에 청각장애인의 소통, 접근성, 안전을 향상시키기 위한 최근의 다양한 인공지능 기술 기반 서비스들은 필자에게 매우 반갑게 다가오며, 필자의 오랜 걱정을 조금이나마 덜어주고 있다.

청각장애인을 위한 가장 직관적인 인공지능 기술은 대화나 미디어의 음성 콘텐츠를 실시간으로 텍스트로 변환하여 청각장애인이 내용을 이해할 수 있도록 돕는 음성-텍스트 변환(Speech-to-Text) 기술이라고 생각한다. 대표적인 사례로는 구글의 Live Transcribe, 애플의 실시간 자막 기능 등이 있으며, 청각장애인들은 최근 이와 같은 서비스를 통해 회의, 강의, 영상 콘텐츠를 놓치지 않고 참여하고 경험할 수 있게 되었다(Google, 2023; Apple, 2023).

또한 최근에는 Computer Vision 기반 수어(Signed

Language) 인식 기술이 발전하면서, 수어를 텍스트나 음성으로 변환하거나 반대로 텍스트·음성을 수어로 변환하여, 청각장애인과 같이 음성 언어 사용이 어려운 사람들과 청인(비청각장애인) 간의 의사소통을 돕는 사례도 늘고 있다. 예를 들어, 마이크로소프트는 Kinect를 활용하여 수어를 실시간으로 텍스트나 음성으로 변환하고, 반대로 음성을 수어로 변환하는 기술을 개발하여 청각장애인과 비청각장애인 간의 원활한 의사소통을 지원하고 있다(Microsoft, 2013; Microsoft Research, 2025).

이와 더불어, 최근 인공지능 기술은 청각장애인의 생활 속 안전을 돕는 측면에서도 활발히 이용되고 있다. 대표적으로 주변의 중요한 소리−화재 경보기, 초인종, 자동차 경적 등−를 감지해 시각적(빛, 알림) 또는 촉각적(진동) 신호로 알려주는 기술이 있다. 예를 들어, 아마존 링(Amazon Ring)과 같은 스마트 초인종은 단순히 방문자의 존재를 알리는 것을 넘어 화재 경보기, 일산화탄소 감지기 등 생활 속 중요한 소리를 포착해 사용자의 스마트폰으로 알림을 전달함으로써, 청각장애인의 생활 안전과 독립성을 높이고, 일상의 불안을 줄여주는 데 기여하고 있다(Amazon, 2023).

이와 같이 최근의 인공지능 기술은 소통을 잇는 동반

자로 청각장애인의 일상생활을 더 독립적이고 풍부하게 만들며, 조용한 소리마저 모두가 누릴 수 있는 정보로 바꾸는 길을 열고 있다.

몸짓을 읽는 동반자: 지체장애인을 위한 AI

2019년 우리는 코로나19라는 전대미문의 재난에 직면했고, 이는 우리의 일상생활을 크게 바꾸어 놓았다. Zoom 등을 통한 비대면 회의의 일상화와 키오스크 기반 디지털 전환은 그 대표적인 변화라 할 수 있다. 그러나 이러한 팬데믹 시기의 급격하고 예측 불가능한 사회 변화는 초기 단계에서 지체장애인을 포함한 사회적 약자들을 충분히 고려하지 못한 채 추진된 측면이 있었다. 하지만 이후 포용적 기술 발전에 대한 논의가 이어졌고, 기술적 대응이 이루어지면서 이제 변화의 방향 또한 점차 달라지고 있다.

예를 들어, 브이터치(VTOUCH)는 맨손으로 허공을 터치하는 것처럼 조작하는 비접촉 터치 인터페이스 기술을 개발하여 키오스크, 엘리베이터 등에 적용하였다. 이 기술은 지체장애인과 같이 신체 움직임에 제약이 있는 사용자들이 화면을 직접 만나지 않고 손짓이나 손가락을 가리키는 동작만으로 결제나 체크인을 수행할 수 있도록 지원하여, 이들의 공공 기기 이용에 대한 물리적 접근성을 크게 향상시켰다. 이처럼 비접촉 제스처 기술은 코로나19 시기의 위생적 요구를 충족했을 뿐만 아니라, 신체적 제약을 지닌 사용자들이 공공 기기를 더욱 편리하게 활용할 수 있도록 돕고 있다.

또 다른 사례로는 인공지능 기반 음성 인식 기술의 고도화를 들 수 있다. 예컨대 일부 지자체는 공공 민원 키오스크나 안내 시스템에 음성 명령 기능을 도입하여 손을 자유롭게 쓰기 어려운 이들도 간단한 발화만으로 서비스를 이용할 수 있도록 했다. 화면을 직접 조작하지 않아도 "번호표 발급"이나 "민원 접수"와 같은 구체적 요청을 음성으로 전달할 수 있도록 하여, 지체장애인뿐 아니라 노약자나 임시적으로 손을 쓰기 어려운 상황에 있는 사용자들에게도 유용한 접근성을 제공하였다.

이처럼 영상 기반 제스처 인식 기술과 음성 인식 기반 보조 기술은 지체장애인을 비롯한 신체적 제약이 있는 사용자들의 디지털 기기 이용 환경을 크게 개선하고 있다. 단순히 터치스크린을 대체하는 수준을 넘어, 이와 같은 인공지능 기술 기반 서비스들은 사용자의 몸짓과 발화, 손짓 등을 이해하고 반응함으로써, 물리적 한계를 넘어서는 새로운 접근성을 제공한다. 결국 이러한 기술들은 '몸짓을 읽는 동반자'로서, 지체장애인이 일상생활 속에서 더 큰 자립성과 편리함을 누릴 수 있도록 돕고 있으며, 포용적 디지털 사회로 나아가는 길을 열어 주고 있다.

돌봄의 동반자: 노약자와 어린이를 위한 AI

또한 최근의 인공지능 기술은 시니어, 어린이 등 사회적 배려 대상자의 일상에 실질적인 도움을 제공하는 방향으로 빠르게 발전하고 있다. 대표적으로 스마트 홈 환경, 웨어러블 기기(wearable device), 그리고 로봇 기반 서비스에 AI가 적용되어 이들의 안전, 건강 관리, 일상 활동을 지원하는 데 활발하게 활용되고 있다.

예를 들어, 인공지능 기반 지능형 CCTV는 시니어의 일상생활을 보조하며, 넘어짐이나 낙상 등 위험 상황을 실시간으로 감지해 보호자에게 알림을 전송한다. 나아가, 일본 소프트뱅크의 페퍼(Pepper) 로봇은 단순한 대화 기능을 넘어 사용자의 감정 분석과 행동 인식 기능을 갖추어 이들의 기분과 행동 변화를 파악하고, 필요한 돌봄 서비스를 연계하도록 설계되어 있다(Kushniruk et al., 2025). 이러한 기술은 특히 혼자 생활하는 시니어가 보다 안전하게 자립적인 삶을 유지하도록 도울 수 있다.

이와 함께 어린이를 위한 인공지능 기반 돌봄 서비스도 활발히 개발되고 있다. 예를 들어, 사물 인터넷(IoT) 센서와 인공지능 기술을 활용하여 아기의 수면 패턴, 울음소리, 체온 등을 실시간으로 분석하는 스마트 아기 요람 시스템이 있다. 이 시스템은 이상 징후를 감지하면 보호자에게 즉시 알림을 보내고, 자동으로 요람을 흔들어 아기를 진정시키는 등 안전과 건강 관리를 지원한다. 이처럼 인공지능은 어린이를 위한 실질적인 안전 및 돌봄 보조 역할로 확장되고 있다.

더불어, 웨어러블 기기를 활용한 건강 관리 시스템도 활발히 개발되고 있다. 예를 들어, 웨어러블 센서와 결합한 인공지능 기술은 노약자의 심박, 혈압, 체온 등 생체 신호를 지속적으로 모니터링한다. 이를 통해 이상 징후가 감지되면 보호자나 의료 기관에 자동으로 알림을 전송하여, 응급 상황 대응 시간을 크게 단축시켜 줌으로써 치명적인 사고를 예방하고 노약자가 더욱 안심하고 자율적인 생활을 할 수 있도록 지원한다.

이처럼 '돌봄의 동반자'로서의 인공지능 기술은 노약자와 어린이 모두의 안전과 일상 활동을 지원하며, 보다 자율적이고 안전한 삶을 가능하게 만들어주고 있다. 이제 AI는 단순히 정보를 제공하는 수준을 넘어, 사용자의 행동과 환경을 능동적으로 이해하고 필요한 지원을 제공함으로써, 사회적 배려가 필요한 이들이 더욱 편리하고 안전하게 생활할 수 있도록 돕고 있다.

참고문헌

브이터치. https://vtouch.io/en-us

Apple Accessibility. https://www.apple.com/accessibility

Google Belonging: Disability Innovation in the Workplace and Beyond. https://www.google.com/accessibility

Kushniruk, A. W. et al.(2025). The Pepper robot in healthcare: A scoping review. *Studies in health technology and informatics, 323*, pp.101~105.

Microsoft(2013). Kinect Sign Language Translator. https://www.microsoft.com/en-us/research/blog/kinect-sign-language-translator-part-1/

Microsoft Research(2023). ASL Citizen Project. https://www.microsoft.com/en-us/research/project/asl-citizen

Ring: Home Security Systems. https://www.ring.com

04
컴퓨터 비전의 기초와 발전

컴퓨터 비전은 컴퓨터가 카메라를 통해 사람과 같이 세상을 보고 시각 정보를 이해하도록 하는 인공지능 기술이다. 이 장에서는 시각장애인을 돕는 다양한 컴퓨터 비전 기반의 인공지능 기술들을 살펴보기 전에, 현재 컴퓨터 비전 기술이 어떻게 발전해 왔는지 큰 흐름을 짚어, 이후 서비스와 기술을 이해할 수 있는 배경을 제공하고자 한다.

청각장애인과 AI?

딥러닝 시대 이전의 컴퓨터 비전

우리가 눈으로 세상을 관찰하고 사물을 인식하고 상황을 이해하는 것처럼, 컴퓨터도 카메라를 통해 세상을 관측하고 그 의미를 파악하게 하는 것이 바로 인공지능의 한 분야인 컴퓨터 비전(Computer Vision)의 목표다. 컴퓨터 비전 기술은 1960년대에 태동하여, 이미지의 밝기, 색상, 사물의 가장자리 구분 등 단순한 패턴 인식 작업을 시작으로 빠르게 발전하기 시작했다. 초기 연구에서는 영상 내에서 관심 있는 특징(feature)을 직접 정의하고 추출하는 방식이 중심이었다. 예를 들어, 1970~1980년대 컴퓨터 비전 연구자들은 에지(edge) 검출, 코너(corner) 검출, 영역 분할(segmentation) 등과 같은 저수준 이미지 처리 기법을 활용해 물체를 식별하려 시도하였다.

이러한 시도는 컴퓨터가 사물과 세상을 보다 쉽게 인식하도록, 연구자들이 사물을 구성하는 패턴을 꼼꼼히 분석하고 사물을 인식하기 위한 특징들을 수동으로 만들어 준 것과 같다. 이는 마치 어린아이에게 "수염이 있고 귀가 뾰족한 동물이 고양이야"라고 고양이의 특징을 분석하여 알려줌으로써 아이가 고양이를 쉽게 알아보도록 도와주는 것과 비슷하다. 이렇게 컴퓨터가 사물 및 세상을 더 쉽게 인식하고 이해하도록 돕기 위해 연구자들이 영상 속 패턴을 분석하여 뽑아낸 특징들을, 컴퓨터 비전 학계에서는 손으로 만든 특징(hand-crafted features)이라고 부르며, 딥러닝 이전 시대의 컴퓨터 비전 연구에서는 주로 이러한 특징에 의존하여 사물을 인식하였다.

대표적인 예로 SIFT(Scale-Invariant Feature Transform)와 SURF(Speeded Up Robust Features) 알고리즘이 있다. SIFT는 이미지 내 중요한 점(keypoint)을 찾아 그 주변 패턴을 특징 벡터(feature vector)로 표현함으로써 물체를 인식하고 비교할 수 있게 했다(Lowe, 2004). SURF는 SIFT의 계산 복잡도를 줄이면서도 강인한 특징을 유지하도록 개발되었다(Bay et al., 2006). 이러한 특징 기반 방법들은 조명 변화, 회전, 확대/축소와 같은 환경적 변화를 어느 정도 견디면서 물체를 인식할 수 있었지만, 여전히 복잡한 장면에서 여러 객체를 동시에 식별하거나 추상적인 의미를 이해하는 데는 한계가 있었다.

또한 딥러닝 이전 시대의 컴퓨터 비전 연구는 종종 규칙 기반(rule-based) 또는 통계적 모델(statistical model)에 의존하여 사물과 세상을 이해하고자 하였다. 사람으로 비유하면, 체크리스트를 만들어 리스트 속 아이템들을 하나씩 수동으로 확인하면서 세상을 인식하는 것과 같다. 따라서 이 시기 연구자들은 체계적 특징 설계(feature engineering)의 중요성을 강조했다. 특정 응용 분야에 맞춰 최적의 특징을 찾아내는 것이 성능 향상에 결정적인 요소였으며, 이는 많은 수작업과 실험을 필요로 했다. 예를 들어 교통 신호등 인식, 손글씨 숫자 인식(MNIST), 의료 영상 분석 등 다양한 분야에서 특징 선택과 전처리(preprocessing)는 모델 성능을 좌우하는 핵심 과정이었다. 그러나 이러한 접근법은 사전에 정의된 특징에 강하게 의존했기 때문에, 새로운 상황이나 환경 변화에 대응하는 데 한계가 있었다.

정리하면, 딥러닝 이전의 컴퓨터 비전은 인간이 설계한 특징과 규칙에 의존하는 '수동적' 접근 방식이었다. 이미지 내 저수준 신호를 추출하고 이를 통계적 혹은 규칙 기반 모델에 입력하여 물체나 장면을 인식하는 과정이 중심이었다. 이러한 접근법은 제한된 환경과 단순한 객체 인식에는 유용했지만 복잡한 장면 이해, 대규모 데이터 처리, 그리고 추상적 의미 인식에는 큰 한계를 드러냈다. 바로 이러한 한계가 2012년 ImageNet Challenge에서 CNN 기반 모델이 등장하면서 컴퓨터 비전 연구에 혁명적인 변화를 가져오는 배경이 되었다.

Convolutional Neural Networks (CNNs), 딥러닝 시대의 시작

2012년 ImageNet Challenge에서 등장한 Convolutional Neural Networks(CNNs)는 이전 시대의 수동적인 접근법과는 완전히 다른 새로운 방식을 제시하며, 우리가 인공지능 하면 떠올리는 딥러닝(Deep Learning) 시대를 열었다. CNN의 특징은 이전 시대에 컴퓨터가 고양이를 이해하기 위해 "뾰족한 귀"나 "수염" 같은 특징을 사람이 영상 패턴을 분석해 알려주었다면, CNN은 방대한 양의 고양이 사진을 스스로 학습하면서 이러한 특징들을 스스로 찾아낼 수 있다는 점에 있다. 이를 통해 CNN 기반 인공지능 모델은 기존의 수동적 특징 설계 방식에서 발생하던 한계를 극복할 수 있었다.

CNN은 크게 합성곱층(convolutional layer), 풀링층(pooling layer), 완전 연결층(fully connected layer)으로 구성된다. 합성곱층에서 학습되는 필터(filter)는 이미지의 지역적 패턴을 감지하고 학습하며, 풀링층은 공간 정보를 축소하면서 중요한 특징을 보존한다. 마지막으로 완전 연결층은 추출된 특징들을 종합하여 최종 분류 결과를 출력한다. 이러한 구조 덕분에 CNN은 이미지 회전, 크기 변화, 조명 변화 등 다양한 환경적 변동에도 강인하게 대응할 수 있었다.

사실 CNN이나 CNN 학습에 사용되는 핵심 알고리즘인 backpropagation이나 perceptron 기반 신경망 개념은 사실 2012년 훨씬 이전에도 존재했다. 그러나 방대한 데이터 확보, 고성능 GPU 기반 연산, 그리고 Caffe에서 시작된 PyTorch나 TensorFlow 같은 딥러닝 프레임워크의 확산 덕분에 2012년 ImageNet Challenge에서 AlexNet이 우승하며 본격적인 딥러닝 시대가 열렸다. 이후 네트워크는 점차 깊어지며 빠르게 발전하였다.

CNN 기반 딥러닝은 단순히 성능 향상에 그치지 않고, 컴퓨터 비전 연구의 패러다임 자체를 변화시켰다. 연구자들은 더 이상 손으로 특징을 설계하는 대신, 대규모 데이터와 강력한 연산 자원을 활용하여 네트워크가 스스로 특징을 학습하도록 설계하였다. 특히 대규모 데이터세트(ImageNet, COCO 등)와 GPU 기반 연산 가속 기술은 CNN 성공의 핵심 요소였다. 이러한 변화는 학계와 산업계 모두에서 컴퓨터 비전 연구와 응용을 폭발적으로 확장시켰다.

CNN의 성공 사례는 일상생활에서 쉽게 찾아볼 수 있다. 예를 들어, 스마트폰의 사진 자동 분류, 소셜 미디어 이미지 태깅, 자율주행차 물체 인식, 의료 영상 병변 탐지 등은 모두 CNN 기반 딥러닝 모델이 핵심 기술로 작동한다. 이러한 기술들은 이전에 손으로 만든 특징 기반 방법으로는 불가능했던 수준의 정밀도와 확장성을 제공한다.

정리하면, CNN의 등장은 컴퓨터 비전을 수동적 특징 기반 접근에서 데이터 기반 학습 접근으로 근본적으로 전환시켰다. 이로써 컴퓨터는 단순한 신호 분석을 넘어 이미지 속 의미를 스스로 이해하고, 새로운 환경에서도 적응하며 학습할 수 있는 능력을 갖추게 되었다. 바로 이러한 발전이 오늘날 시각장애인을 위한 실시간 객체 인식, 안내 시스템, 증강 현실 보조 장치와 같은 다양한 응용 기술의 기반이 되었다고 할 수 있다.

Transformer와 Multi-modal Perception

2012년 CNN이 놀라운 성능을 보여주며 딥러닝 시대를 열었지만, 기술이 발전할수록 CNN에도 한계가 발견되었다. CNN은 이미지 속 국소적, 즉 작은 영역에서의 특징을 학습하고 인식하는 데는 강점을 가지지만, 이미지 전체에서 나타나는 전반적인 관계나 장면 구조를 이해하는 데는 제한이 있었다. 예를 들어, 한 장의 사진에서 사람과 배경, 여러 객체 간의 관계를 이해하거나 이미지 안에서 서로 멀리 떨어진 객체 간의 관계를 이해하거나 장면 전체의 의미를 파악하는 것은 CNN만으로는 어렵다는 것이 여러 실험을 통해 확인되었다.

이러한 한계를 극복하기 위해 등장한 것이 Transformer 기반 모델이다. Transformer는 원래 자연어 처리 분야에서 단어와 문장 간의 관계를 학습하기 위해 개발되었지만, 이미지에도 적용되며 전역적인 패턴과 관계를 효과적으로 학습할 수 있게 되었다. 이 덕분에 복잡한 장면에서도 객체 간 상호 관계를 이해하고, 더 정교한 이미지 분석과 인식이 가능해졌다.

기술은 더욱 진보하여 최근에는 멀티모달(Multi-modal) 인식 기술이 주목을 받고 있다. 멀티모달 인식 기술이란 컴퓨터 비전 기술을 기반으로 단순히 영상 데이터만을 활용하는 것을 넘어 소리, 텍스트, 센서 정보 등 여러 형태의 데이터를 함께 활용하여 컴퓨터의 이해를 돕는 기술이라고 할 수 있다. 예를 들어, 시각장애인을 돕는 응용에서는 카메라로 본 이미지뿐만 아니라 음성 안내, 위치 정보, 물체 텍스트 정보 등을 종합해 상황을 해석하고 사용자에게 안내하는 것이다. 이러한 멀티모달 접근은 단일 이미지 분석을 넘어, 사람과 비슷하게 환경을 종합적으로 이해하고 반응할 수 있는 AI를 가능하게 한다.

종합하면, CNN의 한계를 보완한 Transformer와 멀티모달 기술은 컴퓨터 비전이 단순히 '보는' 것을 넘어, 사람처럼 장면을 이해하고, 다양한 정보를 통합해 판단하는 능력을 갖추도록 진화시키고 있다. 이는 최근 시각장애인을 위한 실시간 안내, 객체 인식, 증강 현실 보조 기술 등에서 실질적인 도움을 제공하는 핵심 기반 기술로 사용되고 있다.

참고문헌

Bay, H. et al.(2006). SURF: Speeded up robust features. *Computer Vision – ECCV 2006*, pp.404~417. Springer.

Krizhevsky, A. et al.(2012). ImageNet classification with deep convolutional neural networks. *Advances in Neural Information Processing Systems, 25*, pp.1097~1105.

Lowe, D. G.(2004). Distinctive image features from scale-invariant keypoints. *International Journal of Computer Vision, 60*(2), pp.91~110.

Vaswani, A. et al.(2017). Attention is all you need. *Advances in Neural Information Processing Systems, 30*, pp.6000~6010.

05
시각장애인을 위한 컴퓨터 비전

보이지 않는 세상을 볼 수 있도록 돕는 기술, 길을 걷다 만난 장애물을 알려주고, 손에 든 물건을 구분해 주며, 인쇄된 글자를 소리로 읽어 주는 기술. 불과 얼마 전까지만 해도 상상 속에 머물던 이러한 시각장애인을 위한 AI 서비스들이 이제 컴퓨터 비전 기술의 발전으로 현실이 되고 있다. 이 장에서는 시각장애인을 위한 컴퓨터 비전 기술의 활용 사례를 중심으로, 이러한 기술이 어떻게 활용되어 그들의 실제 생활 속 어려움을 완화하고 자립을 돕는지 살펴보고자 한다.

AI 콘텐츠 크리에이터?

흰 지팡이와 안내견

시각장애인의 일상은 비장애인이 쉽게 지나쳐버리는 작은 요소들에서부터 시작해 커다란 사회적 활동까지, 수많은 장벽을 포함하고 있다. 길을 걷다 갑자기 나타나는 장애물, 복잡한 교차로에서의 방향 감각 상실, 혹은 사람들 사이에서 예기치 못하게 발생하는 위험 상황은 시각적 제약을 가진 이들에게 늘 긴장과 불안을 동반한다. 이러한 불안감은 단순히 이동의 어려움에서 끝나지 않고, 사회·문화적 활동 전반에 대한 접근성 자체를 제한하는 주요 원인이 되기도 한다.

그동안 이러한 어려움을 극복하기 위해 가장 널리 사용된 전통적 보조 수단은 흰 지팡이(White Cane)와 안내견(Guide Dog)이었다. 이 두 도구는 오랫동안 시각장애인의 동반자로 시각장애인의 '눈' 역할을 해 왔지만, 동시에 분명한 한계 또한 존재했다.

흰 지팡이는 가볍고 단순하면서도 즉각적인 도움을 준다. 바닥의 요철을 감지하고, 바로 앞의 장애물을 미리 알 수 있도록 해 준다. 그러나 이 지팡이가 제공하는 정보는 극히 제한적이다. 사용자가 닿을 수 있는 범위 내의 사물만 알 수 있으며, 뒤에서 다가오는 자전거, 옆에서 급히 달려오는 사람, 혹은 위에서 떨어질 물체와 같은 돌발 상황을 인지하기는 사실상 불가능하다. 결국 흰 지팡이는 "당장의 걸음"에는 도움이 되지만, 주변 세계 전체를 이해하는 데 필요한 시각적 통찰을 제공하기는 어렵다는 단점이 있는 것이다.

안내견은 지금까지 오랫동안 이러한 한계를 보완하는 도구로 자리를 잡았다. 길을 건너야 할 때 멈춰 서거나, 장애물을 피해 안전한 경로를 찾아주는 안내견은 시각장애인에게 큰 신뢰와 안정감을 준다. 하지만 안내견은 양성하는 데 수년의 시간이 필요하고, 양성 비용 역시 매우 많이 든다. 또한 안내견과 함께 생활하기 위해서는 돌봄과 훈련, 생활 공간의 제약을 감수해야 하므로 모든 시각장애인이 선택할 수 있는 현실적인 대안은 아니다. 다시 말해 안내견은 분명 효과적인 보조 수단이지만, 그 혜택이 일부 사람들에게만 국한된다는 구조적 한계를 갖는다.

이처럼 전통적 보조 수단의 제약은 곧 "새로운 눈"에 대한 필요성으로 이어졌다. 단순히 앞을 막는 물체를 알려주는 수준을 넘어, 주변 세계를 보다 포괄적으로 이해하고, 돌발 상황에 능동적으로 대응할 수 있는 보조 기술이 요구된 것이다. 이러한 필요성은 최근 인공지능 기술의 발전, 특히 컴퓨터 비전 기술과 만나 전통적 도구를 보완하거나 대체할 새로운 시도로 이어지고 있다.

VizWiz Workshop

시각장애인들이 겪는 어려움 가운데 하나는 눈앞의 세계를 정확히 파악하지 못한다는 점이다. 오늘 입은 옷의 색깔이 무엇인지, 식탁 위에 놓인 캔이 콜라인지 사이다인지, 혹은 집 앞에서 버스를 기다릴 때 다가오는 차량이 몇 번 버스인지 등은 비장애인에게는 사소한 일이지만 시각장애인에게는 늘 풀어야 하는 문제다. 이런 상황은 단순히 생활의 편리함 차원을 넘어, 타인과 원활하게 상호작용하고 사회 활동에 참여하는 데도 중요한 영향을 미친다.

컴퓨터 비전 연구자들은 이 현실적인 문제를 정면으로 다루기 위해 다양한 시도를 해 왔고, 그 중심에 선 흐름 중 하나가 바로 VizWiz Workshop이다. 이 워크숍은 미국 콜로라도 대학교의 다나 구라리(Danna Gurari) 교수 연구팀이 주관하여 CVPR, ICCV, ECCV와 같은 세계적인 컴퓨터 비전 학회에서 꾸준히 열리고 있다. 목적은 명확하다. 시각장애인이 실제로 직면하는 문제를 해결하기 위한 인공지능 기반 시각 보조 기술을 개발하는 것. 다시 말해 학문적 성취를 넘어 현실적인 도움이 되는 인공지능을 만들겠다는 의지를 담고 있다.

VizWiz Workshop의 대표적인 대회는 VizWiz-VQA (Visual Question Answering) Challenge다. 여기서 연구자들이 다루는 데이터는 기존의 깔끔한 이미지 중심의 VQA 데이터 세트와는 전혀 다르다. 시각장애인이 직접 촬영한 사진이기 때문에 흔들리거나 가려지고, 초점이 맞지 않거나 조명이 어두운 경우가 흔하다. 하지만 바로 그렇기 때문에 이 데이터 세트는 특별하다. 현실에서 시각장애인이 마주하는 상황 그대로를 담고 있기 때문이다. 연구자들은 이러한 저품질 이미지 속에서도 의미를 추출하고, 질문에 적절히 답할 수 있는 알고리즘을 개발해야 한다. 이는 컴퓨터 비전 기술이 "이상적인 실험실 환경"을 벗어나 실제 사용자의 삶 속으로 들어가는 중요한 발걸음이라 할 수 있다.

또 하나 흥미로운 점은 질문의 성격이다. "이 사진에 보이는 것은 무엇인가?" 같은 단순한 질문도 있지만, "이 음식은 유통기한이 지났는가?", "이 약이 내가 복용하는 약과 같은 것인가?"처럼 실제 생활과 밀접한 질문도 많다. 다시 말해 VizWiz-VQA Challenge는 단순히 인공지능의 인식 능력을 시험하는 것이 아니라, 시각장애인의 삶에 얼마나 유용하게 쓰일 수 있는지를 시험대 위에 올

려놓는 것이다.

VizWiz Workshop은 이 외에도 다양한 문제의식을 바탕으로 새로운 데이터 세트와 과제를 제시해 왔다. 예컨대 VizWiz-Priv 데이터 세트는 사용자가 실수로 신분증이나 결제 정보 같은 민감한 개인정보를 촬영했을 때, 인공지능이 이를 감지하고 경고해 줄 수 있도록 고안되었다. 이는 시각장애인이 정보 접근성을 얻는 과정에서 오히려 새로운 위험에 노출될 수 있다는 점을 상기시킨다. 인공지능이 단순히 "보조자"의 역할을 넘어 "보호자"로서 기능할 수 있는 가능성을 보여주는 대목이다.

또한 연구자들은 동일한 질문에 대해 답변자가 누구냐에 따라 결과가 달라질 수 있다는 점에도 주목했다. 예를 들어 "이 옷이 파란색인가요?"라는 질문에 어떤 사람은 '하늘색', 어떤 사람은 '청록색'이라고 답할 수 있다. 인공지능 역시 학습 과정이나 알고리즘에 따라 조금씩 다른 답을 낼 수 있다. 이러한 차이를 이해하고, 다양성을 존중하면서도 신뢰할 수 있는 답변을 설계하는 것은 VizWiz Workshop이 던지는 또 하나의 도전이다.

특히 흥미로운 시도 중 하나는 Answer Grounding, 즉 답변의 근거를 시각적으로 제시하는 방식이다. 기존의 VQA는 단순히 텍스트로 답만 제공했다면, Answer

Grounding은 인공지능이 답변을 도출하는 과정에서 어떤 이미지 영역을 참고했는지를 함께 보여준다. 이는 인공지능의 '생각 과정'을 투명하게 드러냄으로써 사용자의 신뢰를 높이는 효과를 기대할 수 있다. 시각장애인이 직접 이미지를 확인할 수는 없더라도, 도움을 주는 비장애인이나 연구자들이 시스템의 판단 근거를 검토할 수 있는 길이 열린다.

이렇듯 VizWiz Workshop은 단순히 알고리즘 성능을 높이는 경쟁을 넘어서, 실제 사용자가 처한 환경과 필요에 맞는 기술을 만들도록 유도하는 역할을 하고 있다. 그 과정에서 연구자들은 이상적인 조건에서만 뛰어난 성능을 내는 모델이 아니라, 흔들리고 어두운 사진 속에서도 믿을 만한 답변을 내는 모델, 나아가 사용자의 안전과 사생활까지 고려하는 모델을 설계해야 한다.

결국 VizWiz Workshop이 우리에게 알려주는 교훈은 명확하다. 인공지능이 진정으로 가치 있는 도구가 되려면, 논문 속의 성능 수치가 아니라 사람들의 삶 속에서 얼마나 도움이 되는가로 평가받아야 한다는 점이다. 그리고 시각장애인을 위한 VizWiz의 실험은 바로 그 중요한 전환점이 되고 있다.

Multi-modal Perception

앞선 VizWiz Workshop과 VQA 연구들은 시각장애인을 위한 컴퓨터 비전 기술이 어떤 방식으로 발전해 왔는지를 잘 보여준다. 그러나 동시에 뚜렷한 한계도 드러난다. 대표적으로 연구 대부분이 정적인 이미지를 중심으로 이루어져 실제 환경의 역동성을 충분히 반영하지 못한다는 점, 그리고 시각장애인의 안전이나 보안 문제에 대한 대응이 아직 충분히 다루어지지 못하고 있다는 점이 선행 연구의 아쉬운 부분이라고 할 수 있겠다. 이는 곧 시각장애인의 삶 속에서 맞닥뜨리는 복잡하고 다면적인 문제를 해결하기 위해서는 인공지능이 다양한 상황을 이해할 수 있는 보다 깊이 있는 방식으로 확장될 필요가 있음을 의미한다.

이러한 맥락에서 우리는 4장에서 짧게 소개한 멀티모달(Multi-modal) 인식 기술을 주목해 볼 필요가 있다. 기존의 연구가 주로 '이미지'라는 단일한 채널에 의존했다면, 멀티모달 인식은 다양한 형태의 데이터를 동시에 고려하여 환경을 이해하려는 시도이기 때문이다. 사람은 세상을 이해할 때 오직 눈에만 의존하지 않는다. 우리는 소리를 통해 방향을 가늠하고, 촉각을 통해 물체의 특성을 파악하며, 언어를 통해 상황을 보완한다. 이렇게 다양한 감각이 함께 작동할 때에야 비로소 안정적이고 풍부한 이해가 가능하다. 시각장애인의 경우 이러한 다중 감각적 보완은 더욱 중요하다. 단일한 시각 정보가 부족한 상황에서, 다른 형태의 정보가 결합되어야만 보다 안전하고 독립적인 생활을 이어갈 수 있기 때문이다.

멀티모달 인식 기술은 바로 이 과정을 기계가 모방하도록 설계된다. 카메라 영상에 더해 음성, 텍스트, 센서 정보까지 함께 활용하여 상황을 종합적으로 해석하는 것이다. 이때 인공지능은 단순히 "무엇이 보이는가"를 알려주는 데 그치지 않고, "이 상황에서 무엇을 해야 하는가"라는 더 깊은 차원의 안내를 가능하게 한다. 다시 말해 시각 정보라는 한정된 창을 넘어, 다차원적인 데이터를 통합적으로 다루는 능력이 비로소 인간에 가까운 보조 기술을 만들어 내는 것이다.

그런 측면에서 결국 멀티모달 인식은 시각장애인을 위한 인공지능 기술이 한 단계 도약하기 위한 핵심 축이라 할 수 있다. 이는 단순히 기능의 정밀도를 높이는 문제가 아니라, 시각장애인이 사회 속에서 더 자유롭고 안전하게 살아갈 수 있는 조건을 마련하는 일과 맞닿아 있다. 나아가 멀티모달 인식이 지향하는 길은, 인공지능이 기술적 성취를 넘어 인간적인 따뜻함과 배려를 담아낼 가능성을 보여준다고 할 수 있다.

참고문헌

VizWiz(2018). 2018 VizWiz Grand Challenge Workshop. https://vizwiz.org/workshops/2018-workshop/

VizWiz(2020). 2020 VizWiz Grand Challenge Workshop. https://vizwiz.org/workshops/2020-workshop/

06
로봇 기술과 시각장애인 지원

인공지능 기술의 빠른 발전으로 로봇과 함께하는 삶은 이제 더 이상 먼 미래의 일이 아니다. 이에 따라 우리는 최근 식당에서 서빙을 돕는 로봇에서부터 길을 안내하는 로봇까지 다양한 모습의 로봇을 쉽게 만날 수 있다. 이 장에서는 그중에서도 시각장애인을 위해 개발된 로봇 기술을 살펴본다. 웨어러블 디바이스, 스마트 화이트케인, 로봇 안내견과 같은 사례들을 통해 시각장애인의 자율적이고 따뜻한 일상을 도와주는 다양한 기술들을 만나보자.

AI와 민주주의?

스마트 지팡이

흰 지팡이는 전통적인 시각장애인 이동 보조 수단으로 지금까지 시각장애인들의 보행에 많은 도움을 주어 왔다. 그러나 전통적인 흰 지팡이는 제공하는 정보가 제한적이며 사용자가 닿을 수 있는 범위 내의 사물만 알 수 있고, 갑자기 다가오는 자동차와 같은 돌발 상황을 인지하기는 어렵다는 분명한 한계가 있다. 그래서 최근에는 인공지능과 로봇 공학을 접목하여 전통적인 흰 지팡이의 단점을 보완하는 '스마트'한 지팡이를 만들기 위한 노력이 활발히 이어지고 있다.

이런 스마트 지팡이는 전통적인 지팡이를 기반으로 하지만, 단순히 길을 더듬는 도구를 넘어 주변 환경을 인식하고 사용자에게 직관적인 피드백을 제공하는 "스마트한 동반자"로 진화하고 있다. 이 장에서는 서로 다른 접근법을 통해 시각장애인의 이동성을 개선하고자 시도한 두 연구를 소개한다. 하나는 다종의 센서를 통합한 증강 지팡이(Augmented Cane)이고, 다른 하나는 초음파 기반의 전자 지팡이(Electronic White Cane, EWC)다.

먼저 증강 지팡이는 말 그대로 기존 지팡이에 각종 첨단 센서를 덧붙인 형태다. 카메라, GPS, 관성 측정 장치(IMU), 그리고 2D 라이다(LIDAR)까지, 다양한 센서를 활용해 실내와 실외 모두에서 환경을 파악한다. 특히 눈에 띄는 점은 피드백 방식인데, 단순한 진동이나 음성이 아니라 '접지 운동감각 피드백(grounded kinesthetic feedback)'을 사용한다는 것이다. 지팡이 끝에 달린 작은 바퀴가 지면에 미세한 힘을 가해 사용자의 보행 방향을 자연스럽게 조정하는 방식이다. 덕분에 사용자는 걷는 속도를 줄이지 않고도 안내를 직관적으로 느낄 수 있다. 실제 연구 결과에서도 시각장애인 참가자의 걷는 속도가 평균 18% 이상 증가했고, 초심자의 경우는 40% 가까이 늘어났다. 복도 탐색이나 야외 경로 탐색처럼 복잡한 상황에서도 유의미한 개선을 보였다는 점에서 주목할 만하다(Slade et al., 2021).

또한 이 연구에서 제시한 증강 지팡이는 단순한 길 안내를 넘어서, 컴퓨터 비전을 통해 표지판 같은 핵심 물체를 인식하고 그 방향으로 자동 조향까지 가능하다. SLAM(동시적 위치 추정 및 지도 작성)을 통한 실내 길 찾기도 지원한다. 따라서 이 지팡이는 단순한 이동 보조기기를 넘어 '지능형 내비게이션 로봇'에 가깝다고 할 수 있다.

반면 초음파 기반의 전자 지팡이는 보다 단순한 접근을 택한다. 초음파 센서를 활용해 전통적인 지팡이로는 감지하기 어려운 허리 높이 이상의 공중 장애물을 탐지할 수 있도록 한 것이다. 즉, 전통적인 흰 지팡이의 몇 가지 단점 중 하나의 단점을 보완하는 데 집중한 것인데, 이 연구를 제안한 저자들의 실제 실험에서는 매달린 물체 같은 공중 장애물을 평균 75% 이상 감지해 냈다. 하지만 지상 장애물 감지 능력은 전통적 지팡이와 큰 차이가 없었고, 걷는 속도는 오히려 예상과 다르게 제안하는 전자 지팡이를 사용할 때 더 느려졌다. 낯선 소리 · 진동 피드백이 인지적 부담을 주었기 때문으로 해석된다(dos Santos et al., 2021).

두 연구는 기존 흰 지팡이가 제공하지 못했던 새로운 기능을 제시하며 시각장애인을 위한 이동 보조 수단으로서의 가능성을 보여주었다. 동시에 이동 속도 저하, 무게 증가 등 분명한 개선 과제도 드러났다. 하지만 아직 이 지팡이는 완성형이 아니며, 인공지능과 로봇 기술의 지속적인 발전과 더불어 개선된다면 미래에는 단순히 길을 짚는 도구를 넘어 시각장애인과 함께 세상을 탐험하는 "동반자"로 발전할 잠재력을 지니고 있다고 생각된다.

로봇 안내견

시각장애인의 이동을 돕는 또 다른 오랜 동반자는 안내

견이다. 안내견은 시각장애인의 든든한 동반자로 여러 부문에서 뛰어난 능력을 발휘하지만, 양성하는 데 많은 비용과 시간이 소요되는 한계점이 있다. 이러한 현실에 최근 인공지능 기반 로봇 기술을 활용하여 안내견의 역할을 대체할 수 있는 '로봇 안내견'이 활발히 연구 개발되고 있다.

초기 시도들은 로봇을 단순히 바퀴 달린 장치나 딱딱한 안내봉의 형태로 구현했지만, 이러한 초기 로봇들은 좁은 복도와 같은 협소한 환경에서 동작에 제약이 있었다. 이에 최근 살아 있는 안내견처럼 '목줄'을 매개로 사람과 로봇을 연결하는 접근이 제안되었다. 이 새로운 형태의 로봇 안내견은 네 발 달린 소형 로봇에 목줄을 연결하는 방식으로, 살아 있는 안내견을 연상시키는 자연스러운 상호작용을 가능하게 한다. 또한 사용자는 단순히 목줄을 잡고 걸을 뿐이지만, 로봇은 라이다(LiDAR)와 카메라, GPS 같은 센서를 통해 주변 환경을 인식하고 안전한 경로를 안내한다. 특히 좁은 문이나 복도에서는 목줄을 느슨하게 했다가 다시 팽팽하게 당기는 방식으로 사람을 이끄는 모습이 관찰되었는데, 이는 기존 시스템에서는 보기 힘든 유연한 대응이라 판단된다(Xiao et al., 2021; 로봇신문, 2024).

이런 새로운 형태의 안내견들은 비록 따뜻한 눈빛을 건네는 기존의 안내견을 완전히 대체할 수는 없지만, 실험을 통해 밝혀진 사실은 사용자가 복잡한 건물 내부를 충돌 없이 이동할 수 있었고, 참가자들은 "로봇을 의지한다"는 경험을 통해 심리적 안정감도 느꼈다는 점이다. 즉, 형태는 다르지만 기술과 사람 사이에도 새로운 형태의 유대감이 형성될 수 있음을 보여준 것이다. 또한 이런 안내견은 소프트웨어 업데이트를 통해 기능을 빠르게 개선할 수 있고, 경제성 면에서도 실제 안내견보다 훨씬 효율적이라는 장점이 있다.

물론 아직 넘어야 할 과제도 많다. 크기와 무게, 가격, 배터리 지속 시간 같은 실질적인 문제들이 해결되어야 하고, 다양한 사용자의 보행 습관에 맞춘 정밀한 조정도 필요하다. 그러나 이미 실험을 통해 로봇 안내견의 기본적인 가능성이 증명된 만큼, 상용화 전망은 밝다. 따라서 언젠가 길 위에서 로봇 안내견과 함께 걷는 시각장애인을 만나는 일은 더 이상 먼 미래의 상상이 아니며, 이는 기술이 인간의 독립성과 자율성을 따뜻하게 확장하는 상징적인 장면 중 하나가 될 것이다.

웨어러블 디바이스

로봇 기술은 안내견이나 흰 지팡이처럼 시각장애인의 보행을 직접적으로 돕는 방식 외에도, 웨어러블 디바이스를 기반으로 신체를 보조하여 이동성을 증진시키는 방향으로 활발히 연구가 진행 중이다.

시각장애인 보행 보조를 위한 주요 웨어러블 디바이스는 동작 방식에 따라 크게 두 가지로 나눌 수 있다. 하나는 감각 네트워크(Sensorial networks) 기반으로 동작하는 장치로, 이들은 초음파, 적외선, GPS, RFID 등 각종 센서를 통해 주변 정보를 수집하고 음성이나 촉각 신호로 사용자에게 안내를 전달하는 방식으로 동작한다. 이런 감각 네트워크 기반 웨어러블 디바이스는 사용성 측면에서 직관적이지만, 높이 있는 장애물이나 움직이는 물체를 감지하거나 GPS 정확도가 떨어지는 건물 내부에서의 사용에 한계가 있다.

다른 하나는 컴퓨터 비전 기반 웨어러블 디바이스로, 이들 기기는 카메라와 인공지능 기술을 기반으로 현재 장면을 이해하고 사용자에게 필요한 정보를 전달한다. 컴퓨터 비전 기반 디바이스는 환경 이해 능력 측면에서 감각 네트워크 기반 장치보다 뛰어나지만, 높은 연산량, 조명과 물체 특성에 따른 성능 변동, 그리고 일부 장치의 사생활 침해 가능성 등으로 실용적 제약이 존재한다.

정보 전달 방식과 관련해서는 대부분의 시각장애인은 음성 인터페이스를 선호하며, 촉각 피드백은 제한적으로만 사용하고자 한다. 또한 골전도 헤드폰과 같이 주변 소리를 차단하지 않으면서 피드백을 전달할 수 있는 장치가 선호되며, 장애물 감지와 안전한 보행 경로 안내가 핵심 요구사항으로 꼽힌다.

전반적으로 웨어러블 디바이스 기술은 컴퓨터 비전 등 다른 기술과 통합될 때 시너지가 나타나는 것으로 판단된다. 이러한 웨어러블 기기들은 현재 연산 능력의 한계로 인해 사용에 제약이 있지만, 사용자가 쉽게 착용할 수 있다는 장점 덕분에 기술이 발전할수록 시각장애인의 독립성과 안전성을 높이는 데 핵심적인 역할을 할 것으로 판단된다.

참고문헌

AI넷(2024.7.10). 중국, 시각 장애인을 위한 6개 다리 AI 로봇 안내견 개발.
https://www.ainet.link/15218

dos Santos, A. D. P. et al.(2021). Are electronic white canes better than traditional canes? A comparative study with blind and blindfolded participants. *Universal Access in the Information*

Society, 20(1), pp.93~103.

Slade, P. et al.(2021). Multimodal sensing and intuitive steering assistance improve navigation and mobility for people with impaired vision. *Science Robotics, 6*(59), eabg6594.

Tapu, R. et al.(2020). Wearable assistive devices for visually impaired: A state of the art survey. *Pattern Recognition Letters, 137*, pp.37~52.

Xiao, A. et al.(2021). Robotic guide dog: Leading a human with leash-guided hybrid physical interaction. *Proceedings of the 2021 IEEE International Conference on Robotics and Automation (ICRA).*

07
스마트폰과 컴퓨터 비전

손안의 작은 기기가 이제 시각장애인의 눈이 되어 주는 시대가 열리고 있다. 다양한 기능을 제공하는 스마트폰에 최근 인공지능 기술까지 내장되어, 실시간 번역이나 사진 편집은 물론 시각장애인을 위한 새로운 가능성까지 열어주고 있다. 이 장에서는 스마트폰에 탑재된 컴퓨터 비전 기반 인공지능 기술이 시각장애인의 일상생활을 어떻게 지원하며, 그들의 자율성과 정보 접근성을 어떻게 확장하는지 사례를 중심으로 살펴본다.

AI와 애니메이션?

스마트폰, 시각장애인의 손안의 눈

스마트폰은 현대인의 필수품으로 그 기능이 점차 확대되어 이제는 전화 본연의 통화 기능을 넘어 인터넷 검색, 내비게이션, 금융 서비스, 쇼핑, 학습, 번역 등 우리에게 다양한 기능을 제공하며 여러 가지 편의를 제공하고 있다. 최근에는 이런 스마트폰에 인공지능 기술까지 내장되면서, 실시간 번역부터 사용자의 음성 명령을 인식하여 일정 관리, 메시지 전송, 앱 실행 등 다양한 작업의 수행을 도와주는 음성 비서까지 더욱 많은 편의성들을 제공하기 시작했다.

또한 이런 스마트폰 기기에서의 인공지능 기술 도입은 단순한 사용상의 편의성 확대를 넘어 사회적 약자를 위한 새로운 가능성까지 열어주고 있다. 예를 들어, 청각장애인에게는 실시간 자막과 음성 인식 기능을, 고령층에게는 직관적인 인터페이스와 건강 관리 기능을 제공함으로써 더 넓은 사회적 포용성을 가능하게 하고 있다. 이러한 흐름 속에서 시각장애인을 위한 인공지능 기반 애플리케이션들이 등장하면서, 일상생활 속 정보 접근과 자율성을 크게 확장할 수 있게 되었다.

스마트폰에 내장된 컴퓨터 비전 기반 기술은 시각장애인에게 실제 환경 정보를 전달하는 중요한 창구 역할을 한다. 예를 들어, 장면을 설명하거나 물체를 탐지하고, 손에 든 물건이나 주변 장애물을 안내하는 기능은 시각장애인의 독립적인 생활을 크게 지원한다. 이러한 기술들은 기존의 단순 텍스트 읽기 기능을 넘어, 실시간으로 변화하는 환경 속에서도 사용자의 이동과 활동을 돕는 수준으로 발전하고 있다.

Seeing AI

마이크로소프트에서 개발한 Seeing AI는 시각장애인을 위한 대표적인 인공지능 기반 스마트폰 애플리케이션이다. 이 앱은 스마트폰 카메라를 통해 주변 세계를 인식하고, 그 결과를 음성으로 설명해 줌으로써 시각 정보를 소리로 전환하는 역할을 한다. 덕분에 시각장애인들은 이전보다 훨씬 능동적이고 독립적으로 일상생활을 영위하는 것이 가능하다.

Seeing AI의 핵심 기능 중 하나는 컴퓨터 비전 기반의 텍스트 인식이다. 사용자가 책이나 서류에 카메라를 갖다 대면 이 앱은 문서 속 글자를 빠르게 인식하여 사용자에게 음성으로 읽어준다. 이는 단순히 글자를 읽는 차원을 넘어 정보 접근성을 크게 높인다. 예를 들어, 시각장애인이 병원에서 안내문을 받거나 은행에서 계약서를 확인할 때, 사용자는 이 앱의 도움을 통해 주변의 도움 없이 스스로 내용을 이해할 수 있다. 이는 시각장애인의 독립성과 자율성을 보장하는 중요한 기술적 진보라 할 수 있다.

또 다른 중요한 기능은 제품 인식이다. 이 기능은 마트나 편의점에서 바코드를 스캔하면 해당 제품의 이름, 성분, 유통기한 등을 음성으로 안내해 주는 기능이다. 이런 기능을 통해 이전까지는 제품을 고를 때 주변인의 도움에 크게 의존할 수밖에 없었던 시각장애인들이, 이제는 스스로 물건을 선택하고 비교할 수 있다.

나아가 Seeing AI는 사람과의 상호작용에서도 빛을 발한다. 카메라가 사람의 얼굴을 인식해 나이, 성별, 감정 상태 등을 설명해 주는 기능이 있기 때문이다. 예를 들어 대화를 나누는 상대방이 웃고 있는지, 놀란 표정을 짓고 있는지 등을 음성으로 안내받을 수 있다. 이는 그동안 비언어적 신호를 파악하기 어려웠던 시각장애인들이 대화 맥락을 더 풍부하게 이해할 수 있도록 돕는다. 결과적으로 사회적 관계에서 발생할 수 있는 거리감을 줄이고, 보다 원활한 의사소통을 가능하게 한다.

Be My Eyes: 대규모 언어 모델과 스마트폰 서비스

최근에는 GPT-4(Generative Pre-trained Transformer -4)와 같은 대규모 언어 모델(LLM, Large Language Model)을 기반으로 한 인공지능 기술이 스마트폰 애플리케이션 개발에도 적용되어 시각장애인을 위한 새로운 가능성을 제공하기 시작했다. 이러한 모델들은 자연어 이해와 생성 능력이 뛰어나 단순한 텍스트 변환을 넘어 사용자가 직관적으로 정보를 습득할 수 있는 서비스를 구현을 가능하게 하기 때문이다.

Be My Eyes 애플리케이션은 이런 대규모 언어 모델 기반의 인공지능 기능이 적용된 대표적인 사례라고 생각된다. 이 앱은 시각장애인을 위한 가상의 자원봉사자 역할을 수행하도록 설계되었으며, GPT-4를 기반으로 개발되었기 때문에 텍스트를 음성으로 변환하는 능력이 매우 우수하다. 사용자들은 웹 페이지, 책, 뉴스 기사와 같은 다양한 텍스트 콘텐츠를 실시간으로 음성으로 청취할 수 있으며, 음성 안내를 통해 도시 거리, 건물, 식당 메뉴 등 일상 속 정보를 쉽게 확인할 수 있다. 덕분에 Be My Eyes는 단순히 정보를 전달하는 기능을 넘어, 시각장애인의 이동 안전과 환경 이해를 동시에 지원하는 서비스로 자리 잡았다.

이와 유사하게, GPT-4 기반 서비스들은 질문에 대한 답변 제공, 일정 관리, 번역 지원 등 다재다능한 기능을 제공하며, 시각장애인이 스마트폰만으로도 많은 일상 업무를 수행할 수 있도록 돕는다. 이러한 변화는 시각장애인이 정보를 스스로 수집하고 이해하는 방식 자체를 크게 바꾸며, 독립성과 자율성을 확장하는 계기가 될 수 있다고 생각된다.

종합하면, 스마트폰과 컴퓨터 비전 기술은 시각장애인의 생활 속 어려움을 완화하고, 독립적 이동과 정보 접근성을 향상시키는 핵심 도구로 자리 잡고 있다. 특히 GPT-4와 같은 대규모 언어 모델을 활용한 스마트폰 서비스는 시각장애인이 손쉽게 정보에 접근하고, 보다 안전하게 생활할 수 있는 환경을 만들어 주기 때문에 앞으로의 발전 가능성 또한 매우 크며 시각장애인의 삶의 질 향상에 큰 도움을 줄 수 있으리라 생각된다.

참고문헌

Microsoft Seeing AI.
https://www.microsoft.com/en-us/ai/seeing-ai

TechCrunch(2023.3.14). GPT-4's new capabilities power a 'virtual volunteer' for the visually impaired.

https://techcrunch.com/2023/03/14/gpt-4s-first-app-is-a-virtual-volunteer-for-the-visually-impaired/
The Guardian(2019.7.12). I tried Be My Eyes, the popular app that pairs blind people with helpers.
https://www.theguardian.com/lifeandstyle/2019/jul/12/be-my-eyes-app-blind-people-helpers

08
시각장애인을 위한 이상 탐지와 VQA

최근 인공지능 기술의 발전은 시각장애인의 일상 속 어려움을 점차 해소하는 데 큰 도움을 주고 있다. 그러나 여전히 시각장애인은 일상생활의 다양한 영역에서 불편을 겪고 있으며, 그중에서도 특히 물리적 안전 확보와 프라이버시 침해 문제는 해결해야 할 핵심 과제로 남아 있다. 이 장에서는 저자의 연구를 중심으로, 시각장애인이 마주할 수 있는 위험 상황을 탐지하고 사생활 침해 가능성을 줄이기 위한 기술적 접근을 살펴본다.

AI와 인재 채용?

신체적 안전, 보안 및 프라이버시 문제

시각장애인들은 주변 상황이나 갑작스러운 환경 변화를 즉각적으로 인지하기 어렵다. 이로 인해 그들은 신체적 안전, 보안, 그리고 프라이버시 측면에서 비시각장애인보다 더 큰 취약성을 안고 살아간다. 물론 전통적인 시각장애인 보조 도구인 흰 지팡이나 안내견이 이러한 문제를 완화하는 데 일정한 도움을 주지만, 제공할 수 있는 정보가 제한적이어서 근본적인 해결에는 한계가 있다. 이에 따라 최근 들어 웨어러블 기기와 인공지능 기술을 접목한 시도가 활발히 이루어지고 있으나, 여전히 다수의 연구가 문자 인식이나 객체 인식 등 영상 기반 정보 획득에 집중되어 있어, 시각장애인의 신체적 안전과 사생활 보호라는 실제적 문제는 충분히 다뤄지지 못하고 있다.

이와 관련해 샌프란시스코 대도시 지역에 거주하는 시각장애인 19명을 심층 인터뷰한 연구는 중요한 시사점을 던진다(Ahmed et al., 2016). 소도시보다 범죄율이 높고 불확실성이 큰 도시 환경에서, 시각장애인 연구 참가자들은 이동 과정과 생활 공간 곳곳에서 신체적 위협과 보안 문제에 대한 두려움을 반복적으로 경험한다고 밝혔다.

심층 인터뷰에서 한 참가자는 밤길에서 누군가 따라

오는 듯한 기척에 불안에 떨었던 경험을 이야기했고, 또 다른 참가자는 총격 사건 근처에 있었지만 상황을 파악하지 못해 피하지도 못했던 경험을 공유했다. 또한 참가자들은 대중교통을 기다리거나 지갑을 꺼내는 순간조차 위협을 느끼는 경우가 많았으며, ATM에서 돈을 인출하거나 PIN 번호를 입력할 때는 뒤에 있는 사람의 시선이 두려움으로 다가왔다고 한다. 심지어 집이나 사무실 같은 개인 공간에서도 문을 두드리는 사람이 누구인지 알 수 없어 불안감을 호소하는 경우가 많았다.

프라이버시 문제도 만만치 않았다. 의료기관에서 민감한 건강 정보를 구두로 설명해야 할 때, 혹은 은행 창구나 사무실에서 개인정보를 다룰 때, 시각장애인의 경우 시각 정보를 제공받는 데 제약이 있어 대부분 음성으로 설명을 들어야 하기에 주변의 도청 위험이 항상 뒤따랐다. 게다가 완전히 시각을 잃은 것이 아닌 저시력인의 경우 화면 글자를 확대하거나 밝게 설정해야 하는데, 이는 오히려 주변 사람에게 정보가 쉽게 노출되는 '숄더 서핑 (shoulder surfing)' 위험을 키우기도 했다.

이런 현실을 반영해 참가자들은 인공지능 기반 시각장애인 보조 기기에 대해 구체적인 요구를 제시했다. 예를 들어 "내 주변에 몇 명의 사람이 있는지", "얼마나 가까이 다가와 있는지", "그들이 누구인지"를 알고 싶어 했다. 또 상대가 단순히 지나가는 사람인지, 나에게 주목하거나 위협적인 행동을 하고 있는지도 파악해 주길 바랐다. 극단적인 상황에서는 영상 증거를 확보할 수 있는 기능이 필요하다는 의견도 있었다.

기기의 형태와 설계에 대한 바람도 분명했다. 눈에 잘 띄지 않는 웨어러블 형태여야 하고, 알림은 진동처럼 은밀하게 전달되어야 한다는 점이 대표적인 요구사항이었다. 필요하다면 법적 증거 확보 기능까지 갖추되, 사용자가 직접 통제할 수 있어야 한다는 목소리도 있었다.

종합하면, 시각장애인들이 필요로 하는 것은 단순한 길 안내 기능을 넘어, 주변 사람들의 존재와 의도를 인식하고, 위험이나 프라이버시 침해로부터 스스로를 지킬 수 있도록 돕는 기술이다. 즉, 인공지능 기반 시각장애인 보조 기기는 단순히 그들의 "새로운 눈"일 뿐만 아니라, 보다 안전하고 존엄한 삶을 가능하게 하는 "보이지 않는 방패"가 되어야 한다는 점을 분명히 했다.

360도 카메라 기반 이상 탐지

앞서 살펴본 시각장애인의 안전과 프라이버시 문제를 해결하기 위해, 필자는 2021년부터 한국연구재단의 지원을 받아 360도 카메라를 이용한 시각장애인 대상 이상 탐지 연구를 진행하고 있다. 연구에서는 시각장애인이 목걸이처럼 착용할 수 있는 넥밴드(neckband) 형태의 웨어러블 360도 카메라를 착용하여 주변 환경을 전방위로 관찰하고, 이를 분석하여 발생 가능한 이상 상황을 탐지하며, 이상 발생 시 방향까지 파악하도록 설계했다. 이를 통해 시각장애인은 주변에서 발생하는 위협을 실시간으로 인지하고 즉각적으로 대응할 수 있다.

우리는 앞서 살펴본 논문의 시각장애인 심층 인터뷰 내용과 연구팀이 직접 수행한 시각장애인 협회 인터뷰를 바탕으로, 일상에서 마주할 수 있는 위험 상황과 프라이버시 침해 사례를 수집하였다. 이를 반영하여 VIEW360(Visually Impaired Equipped with Wearable 360-degree camera)이라는 360도 시점 비디오 데이터 세트를 구축하였다. 데이터 세트에는 어깨너머 훔쳐보기(shoulder surfing), 소매치기(pickpocketing), 희롱(teasing) 등 시각장애인이 실제로 경험할 수 있는 이상 행동이 포함되었으며 카페, 버스정류장, 도서관, ATM 등 다양한 장소와 시나리오를 담아 현실적 위협 상황을 충실히 반영하도록 설계하였다.

또한 이 데이터 세트를 활용하여 프레임 단위 이상 행

동 감지와 이상 행동 방향 예측을 동시에 수행할 수 있는 FDPN(Frame and Direction Prediction Network) 아키텍처를 제안하였다. 이를 통해 시각장애인은 360도 카메라로 주변을 전방위로 관측하고, 이상 행동이 발생하면 이를 빠르게 감지하며 그 방향까지 예측할 수 있어, 위협의 출처를 신속하게 파악할 수 있다.

제안된 방법은 VIEW360 데이터 세트뿐만 아니라, UCF-Crime과 Shanghaitech 같은 기존 공개 데이터 세트에서도 최고 수준의 이상 감지 성능을 달성하였다. 이는 시각장애인을 위한 AI 기반 보조 시스템 개발 가능성을 보여주는 중요한 성과라고 생각한다.

결과적으로, 이 연구를 통해 저자와 연구팀은 웨어러블 360도 카메라와 AI 기술을 결합하여, 시각장애인이 일상생활에서 마주하는 다양한 위험 행동을 실시간으로 감지하고 그 방향까지 예측하는 새로운 방법론을 제시하였다. 이러한 기술은 시각장애인이 보다 안전하고 독립적으로 일상을 영위할 수 있도록 지원하며, 실제 위험 상황에서 대응 능력을 크게 높일 수 있는 가능성을 갖고 있다. 앞으로 이 접근법이 시각장애인을 위한 차세대 보조 기술 개발에 중요한 기반이 될 수 있으리라 기대한다.

VQA: Visual Question Answering

최근 필자와 연구팀은 시각장애인을 위한 360도 웨어러블 카메라 기반 이상 탐지 연구를 보다 확장하여, 단순한 이상 탐지를 넘어 정보 접근, 길 찾기, 사회적 상호작용, 안전 문제까지 종합적으로 해결할 수 있는 기술 개발을 진행하고 있다. 이를 위해 기존 VIEW360 데이터 세트를 기반으로, 시각장애인의 실제 일상을 반영한 시각 질의응답(VQA) 형태의 새로운 데이터 세트(VIEW-QA)를 구축하였다. 이 데이터 세트는 ATM, 지하철, 거리, 카페, 시장 등 시각장애인이 자주 마주하는 다양한 환경에서 촬영된 360도 비디오와 실제 질문-답변 쌍을 포함하며, 사회적 상호작용, 주변 인식, 객체 정보, 내비게이션, 안전 등 다섯 가지 핵심 영역을 포괄하도록 설계되었다.

구체적으로 VIEW-QA(Visually Impaired Equipped with Wearable 360-degree camera Question Answering)는 시각장애인의 실제 경험을 바탕으로 제작된 질문-답변 쌍과 360도 비디오로 구성된 새로운 벤치마크 데이터 세트다. 이를 기반으로 저자와 연구팀은 Transformer를 비롯한 현대적인 인공지능 기술을 적용한 최신 VideoQA 모델들을 평가하여, 이들이 현재 수준으로 시각장애인을 위해 충분히 사용될 수 있는지 그 가능성과 한계를 파악하고자 하였다. 실험 결과, 현재 AI 기술만으로는 시각장애인을 위한 충분한 보조 서비스를 제공하기에는 아직 한계가 존재함이 확인되었다. 하지만 VIEW-QA는 연구자들이 모델 성능을 개선하고 데이터 세트를 확장할 수 있는 토대를 제공하기에, 앞으로 이 벤치마크를 활용하면 시각장애인을 위한 AI 기반 보조 기술이 보다 정밀하고 실질적인 도움을 제공할 수 있을 것으로 기대된다. 따라서 본 연구는 360도 웨어러블 카메라와 VideoQA 기술을 활용하여 시각장애인의 다양한 일상 문제를 해결하려는 첫 시도로서, 후속 연구를 위한 중요한 기반을 마련했다는 점에서 의미가 있다고 생각한다.

참고문헌

Ahmed, T. et al.(2016). Addressing Physical Safety, Security, and Privacy for People with Visual Impairments. *Proceedings of the Twelfth Symposium on Usable Privacy and Security (SOUPS),* pp.341~354.

Song, I. et al.(2024). Video Question Answering for People with Visual Impairments Using an Egocentric 360-Degree Camera. arXiv:2405.19794.

Song, I. et al.(2025). Anomaly Detection for People with Visual Impairments Using an Egocentric 360-Degree Camera. *Proceedings of the IEEE/CVF Winter Conference on Applications of Computer Vision (WACV).*

09
시각장애인과 함께, 현장의 목소리

이 장에서는 저자의 연구팀이 수행 중인 국제 공동 연구 프로젝트를 중심으로, 시각장애인의 목소리를 인공지능 기술 개발에 반영하기 위한 방법론을 살펴본다. 사용자가 생활 현장에서 겪는 경험과 요구를 이해하는 것은 많은 기술 개발의 출발점이자 핵심이므로, 이 연구는 연구원들이 시각장애인이 실제 근무하는 환경으로 직접 들어가 그들의 행동을 관찰하는 것으로 시작한다. 이를 통해 시각장애인을 위한 AI 연구가 어떤 단계와 과정을 거쳐 진행되는지 보여주는 것을 목표로 한다.

AI와 기자?

Peckham

저자의 연구팀은 2025년 8월 현재, 미시간주립대학교(Michigan State University)와 국제 공동 연구로 시각장애인 근로자들이 실제 근무하는 환경에서 경험하는 어려움을 관찰하고, 이를 바탕으로 필요한 인공지능 기술을 개발하는 것을 목표로 첫 단계의 연구를 진행 중이다. 이를 위해 저자의 대학원생 연구원 2명이 2025년 7월부터 미시간주립대학교 이희린(Hee Rin Lee) 교수 연구실에 파견되어 현지 연구팀과 함께 활발히 연구를 수행하고 있다.

본 국제 연구팀이 연구를 수행하는 대상 기업은 미국 미시간주 랜싱(Lansing)에 위치한 비영리 직업 재활 기업 Peckham이다. Peckham은 장애인, 재향군인, 빈곤층, 교도소 출소자 등 다양한 배경의 취업 취약 계층이 자립하고 사회에 성공적으로 통합될 수 있도록 지원하는 것을 핵심 사명으로 삼으며, 단순히 이들에 대한 일자리 제공을 넘어 개개인의 잠재력을 극대화하고 전인적 성장을 돕는 것을 목표로 하고 있다.

Peckham은 의류 · 섬유 제조, 물류 및 배송(3PL & Fulfillment), 시설 관리 및 청소, 콘택트 센터 운영, 농업(Peckham Farms) 등 다양한 사업을 운영하며, 이를 사회적 미션과 결합한 사회적 기업(Social Enterprise) 모델로 실천하고 있다. 직원들에게 맞춤형 일자리와 직업 역량 개발 기회를 제공하고 직업 상담, 멘토링, 재정 교육, 정서적 지원 프로그램 등을 통해 일자리 이상의 전인적 성장을 지원하며, 소속감과 자부심을 느낄 수 있는 환경을 제공한다. 이러한 접근 덕분에 Peckham은 여러 차례 '일하기 좋은 기업(Great Place To Work)'으로 선정되기도 하였다.

저자의 연구팀은 미시간주립대학교 이희린 교수의 도움으로 Peckham사와 협력하여, 시각장애인과 비시각장애인이 함께 근무하는 실제 환경을 관찰하고 인터뷰할 수 있는 기회를 얻었다. 연구팀은 현재 이들이 근무와 일상에서 겪는 어려움을 직접 관찰하고, 근무 환경 속에서 어떤 인공지능 기술이 개발되어 그들의 삶을 돕기를 원하는지에 대한 현장의 목소리를 수집하고 분석하는 연구를 진행하고 있다.

Observation and Interview

본 연구는 HCI(Human-Computer Interaction) 연구 방법론을 활용한다. 구체적으로 본 국제 연구팀은 시각장애인의 실제 근무 환경과 일상에서 경험하는 어려움을 깊이 이해하기 위해 Observation(관찰)과 Interview(심층 인터뷰) 방법을 활용하여 연구를 진행하고 있다. 이 과정에서 본 연구팀은 단순히 현장을 보는 것에서 그치지 않고, 시각장애인이 어떤 상황에서 불편을 겪는지, 어떠한 지원이 필요한지를 실질적으로 파악하는 데 초점을 두었다.

먼저, 연구팀은 시각장애인 근로자가 Peckham에서 수행하는 다양한 업무를 직접 관찰하였다. 관찰 기간 동안 연구원들은 일상적인 업무 과정뿐 아니라 동료와의 상호작용, 작업 공간 이동, 도구 사용 등 실제 근무 환경에서 나타나는 모든 활동을 면밀히 기록하였다. 이를 통해 단순한 업무 수행 여부를 확인하는 것이 아니라, 시각장애인이 겪는 예상치 못한 불편과 잠재적 위험 요소까지 포착하고자 하였다. 관찰 기록은 사진, 노트, 비디오 자료 등 다양한 형식으로 수집되며, 이후 심층 분석을 통해 반복적으로 나타나는 패턴과 문제 상황을 도출하고자 했다.

관찰과 병행하여 수행된 심층 인터뷰는 개방형 질문을 중심으로 진행되었다. 인터뷰를 통해 시각장애인 근로자가 실제 업무와 생활 속에서 느낀 불편, 필요한 지원, 기대하는 기술적 도움을 구체적으로 수집하였다. 예를 들어, 기술 개발 과정에서 사용자를 초기 단계부터 참여시키는 공동 설계(Co-design)의 중요성이 강조되었다. 또한 과거 사례로, 구글이 시각장애인 커뮤니티의 의견을 수렴하지 않고 Gmail 인터페이스를 변경했을 때, 시각장애인 사용자 다수가 이메일을 사용하지 못하는 혼란이 발생했음을 근로자들은 지적하였다.

인터뷰에서는 시각장애인을 위해 개발된 다양한 AI 기반 서비스의 이용에 대한 부분도 논의되었다. 이를 통해, 7장에서 소개했던 'Be My Eyes'와 'Seeing AI'와 같은 스마트폰 앱에 더해 'Bard'와 같은 시각장애인이나 저시력자를 위한 독서 앱도 활발히 사용하고 있는 것을 확인할 수 있었다. 이러한 인공지능 기술 이용 사례는 관찰과 인터뷰 과정에서 확인된 현장의 필요와 직접 연결되어, 향후 연구와 개발 방향을 설정하는 중요한 참고 자료가 될 수 있겠다고 생각한다.

또한 이러한 Observation과 Interview 과정을 통해 연구팀은 시각장애인의 실제 요구를 구체화하고, 현장 맥락을 충분히 이해할 수 있었다. 단순한 기술 실험에서 벗어나, 사용자가 생활하는 공간과 상황 속에서 필요한 지원을 기반으로 문제를 정의하고, 해결 방안을 모색하는 데 큰 의미가 있다고 생각한다.

결과적으로 Observation과 Interview는 시각장애인 근로자의 현장 목소리를 정밀하게 반영할 수 있는 도구로 기능하며, 이후 Participatory Design Workshop과 같은 협력적 설계 과정에서 실제 필요로 하는 기술 개발을 위한 기초 자료로 활용이 가능하다.

Participatory Design Workshop

본 연구팀은 현재 Observation과 Interview 과정을 통해 얻은 시각장애인의 실제 요구와 현장 맥락을 바탕으로, 향후 Participatory Design Workshop을 진행할 계획이다. 이 워크숍은 단순히 연구자가 설계한 기술을 보여주고 의견을 받는 수준이 아니라, 시각장애인을 연구와 개발의 주체로 참여시키고, 실제 생활과 근무에서 필요한 기술적 지원을 함께 탐색하는 것을 목표로 한다.

워크숍 참가자는 시각장애인 근로자와 비시각장애인 팀원, 그리고 현지 슈퍼바이저로 구성될 예정이다. 초기 세션에서는 Observation 과정에서 도출된 문제 상황과 사례를 공유하여, 참가자들이 자신의 경험과 필요를 구체적으로 이야기하도록 유도한다. 예를 들어, 회의 중 손들기나 비언어 신호 전달의 어려움, 복도에서 다가오는 사람과 일반 통행자를 구분하기 어려운 상황, 휴식 시간에 동료가 자리를 비운 것을 인지하지 못하는 문제 등이 있다. 비시각장애인 참가자의 입장에서는 BLV(Blind or Low Vision) 동료에게 도움을 주고 싶은데, 자연스럽게 소통하는 방법이 어렵거나 화면 공유가 누락되었을 때 상대방이 불편했을까 걱정하는 경우 등이 논의될 수 있다. 또한 짧은 잡담이나 농담의 흐름을 서로 다르게 이해하여 어색함을 느끼는 공통 경험도 다뤄질 예정이다.

워크숍의 활동 방식은 Observation과 Interview에서 나온 피드백을 반영하여 계획하려고 한다. 이를테면, 인터뷰에서 시각장애인 참가자들은 워크숍에서 점자(Braille)만을 활용하는 것을 가정하지 않고 다른 옵션과 병행하였으면 좋겠다는 피드백을 반영하여, 본 연구팀은 워크숍 활동에서 스크린 리더 친화적 자료와 점자(Braille) 카드를 함께 활용하는 방법을 논의 중이다. 또한 실제 활동에서는 점토 조형(Sculpting)과 같은 촉각 기반 방법도 함께 진행하여 시각에 의존하지 않고 공간, 사람, 물체, 이동 경로, 대화 연결 등을 손으로 직접 확인하고 탐색할 수 있도록 설계할 생각이다.

워크숍의 진행 계획은 대략 2시간 40분으로 오프닝과 아이스브레이크(20분), 시나리오 탐색(40분), 아이디어 도출 및 프로토타이핑(70분), 그리고 공유 및 마무리(30

분)로 구성된다. 아이스브레이크에서는 참가자들이 언어와 촉각을 활용해 서로의 정보를 이해하는 경험을 공유하고, 시나리오 탐색 단계에서는 팀별로 실제 근무 상황에서 발생할 수 있는 문제를 선택하거나 새로 정의하여 해결 방안을 논의하도록 한다. 프로토타이핑 단계에서는 장면 배경 위에 사람과 물체를 배치하고, 서로 손으로 만지며 정보를 확인하고, 상황→어려움→기술개입→결과 순으로 스토리보드를 작성한다. 마지막 공유 시간에는 팀별 발표와 자유로운 피드백, 참가자들이 기억에 남은 아이디어를 공유하며 마무리할 계획이다.

이 워크숍은 시각장애인을 단순한 기술 사용자가 아닌 공동 설계자로 참여시키며, 현장 데이터를 실질적 설계로 연결하는 중요한 단계가 될 것이다. 참여자들의 경험과 요구를 직접 반영함으로써, 향후 개발될 AI 기술과 지원 도구가 실제 삶 속에서 더 깊이 있고 유용하게 활용될 수 있을 것으로 기대된다.

참고문헌

Peckham, Inc. https://peckham.org

10
사람을 향한 기술, 따뜻한 AI

이 장에서는 앞선 사례를 바탕으로 인공지능 기술의 올바른 방향을 모색한다. 규제보다 방향 안내가 중요하며, 따뜻한 AI를 위해 다학제적 연구가 필수적임을 강조한다. 이를 통해 인공지능 기술이 사람을 이해하고 포용적인 사회를 만드는 데 기여하기를 기대하며 책을 마무리한다.

AI와 미래 의사?

규제 대신 길을 밝히는 안내자로

기술 발전과 관련한 규제의 대표적 사례 중 하나는 영국의 '적기 조례("Red Flag Act")'일 것이다. 1865년, 영국은 기존의 마차 산업을 보호하기 위해 자동차의 속도를 교외 4mph(약 6.4km/h), 시내 2mph(약 3.2km/h)로 제한하는 내용의 적기 조례를 제정하여 발표하였으나 이는 결과적으로 영국의 자동차 산업 발전을 크게 제약하는 부정적인 결과를 만들어 냈다. 오늘날 일부 국내외 교육기관에서 진행 중인 ChatGPT를 비롯한 생성형 AI 사용을 금지하거나 규제하는 움직임을 볼 때, 이 사례를 자연스럽게 떠올리는 사람은 필자뿐만이 아닐 것이라 생각한다.

사실 이러한 규제 사례는 영국에만 국한되지 않는다. 새로운 기술이 등장할 때마다 각국 정부나 기관은 종종 기존 질서나 산업을 지키기 위해 제도적 장치를 마련해 왔다. 그러나 이러한 규제는 단기적으로는 기존 체제를 안정시키는 듯 보일지라도, 장기적으로는 기술 발전의 흐름을 가로막아 사회 전체의 혁신을 늦추는 경우가 많았다. 이런 새로운 기술에 대한 규제는 AI 분야에 역시 동일한 방식으로 적용될 가능성이 있다. 하지만, 필자는 기술의 진보는 한 사회에 도입되면 멈추기 어렵다고 생각한다.

필자가 근무 중인 대학교의 사례를 살펴보면 많은 학생들이 이미 과제, 시험 준비, 자기소개서 작성 등 학습과 취업 준비의 다양한 과정에서 생성형 AI를 활용하고 있으며, 이는 우리 사회에 스마트폰, 세탁기, 냉장고, 건조기와 같은 새로운 기술 및 서비스가 도입될 때의 흐름을 돌이켜 보면 막을 수 없는 흐름이라고 생각한다. 필자를 포함한 대부분의 사람들은 한 번이라도 기술의 편리함을 경험해 보면 결코 그 서비스 및 기술이 없던 불편한 과거로 되돌아가지 못하기 때문이다.

따라서 중요한 것은 기술의 흐름을 막으려는 시도가 아니라, 기술이 사람과 사회를 돕는 올바른 방향으로 나아가도록 안내하는 것이라고 생각한다. 마치 치수를 재고 물길을 내듯, 기술이 흘러가는 방향을 세심하게 설계하고 안내해야 한다. AI 기술은 이미 우리의 삶 속에 깊이 들어왔고, 이제 우리가 할 일은 그 힘을 어떻게 긍정적으로 활용할지 지혜롭게 길을 밝히는 것이다. 기술은 '통제의 대상'이라기보다 '함께 길을 가야 하는 동반자'라는 관점이 필요하다.

다학제적 융합 연구의 필요성

기술을 사람 중심으로 발전시키려면, 기술 개발 과정에서부터 사용자인 '사람'의 목소리가 반드시 반영되어야 한다. 만약 새로운 기술과 서비스의 개발 단계에서 대상자의 현장 경험과 의견이 제대로 반영되지 않는다면, 9장에서 소개한 Gmail 인터페이스 변경 사례처럼 예상치 못한 문제와 혼란을 초래할 수 있다.

특히 사회적 약자를 위한 서비스 개발에서는 이러한 점이 더욱 중요하다. 이들을 위한 기술을 개발할 때 그들의 목소리를 반영하지 않는다면 심각한 문제가 생길 수 있다. 사회적 약자는 이미 일상적인 환경에서 많은 제약을 겪고 있기 때문이다. 이러한 상황에서 배려 없는 기술은 도움은커녕 오히려 삶을 더 불편하게 만들 수 있다. 따라서 시각장애인과 같은 사회적 약자를 위한 AI 기술을 개발할 때에는, 그들의 목소리를 직접 듣고 경청하는 과정이 반드시 필요하다. 단순히 인터뷰나 설문에 그치는 것이 아니라, 실제 생활 맥락 속에서 그들의 경험을 관찰하고 피드백을 반복적으로 반영하는 과정이 요구된다.

하지만 새로운 기술과 서비스 개발은 단순히 사용자 의견만 반영한다고 해서 충분하지 않다. 이는 HCI나 다른 인공지능 연구에서도 마찬가지다. 기술을 충분히 이해하지 못한 채 사람만 고려한다면, 현실적으로 구현이 불가능하거나 불필요하게 기술적으로 복잡한 설계가 나오기 쉽기 때문이다. 예를 들어, 시각장애인을 위해 길 안내 서비스를 설계한다고 했을 때, 사용자 의견만 반영하여 모든 교통 상황을 사용자에게 음성으로 세세히 전달하려 한다면 실제 사용 환경에서는 오히려 과도한 정보를 주게 되어 이용에 혼란을 초래할 수 있다. 또한 지나치게 많은 정보를 제공하려는 접근은 기술적 자원 소모가 크고, 배터리나 네트워크와 같은 하드웨어적 제약을 간과하게 만들 수 있다. 이처럼 새로운 서비스를 개발할 때는 기술적 제약과 사용자의 필요 사이의 균형점을 찾는 일이 중요하다고 할 수 있다.

따라서 사람을 대상으로 하는 새로운 기술이나 서비스를 개발할 때에는, 단순히 사용자 목소리를 반영하는 것에서 그치지 않고 이를 기술적으로 구현 가능한 방향과 연결하는 과정이 필수적이다. 특히 그 서비스의 대상자가 시각장애인과 같은 사회적 약자라면, 그들의 목소리를 경청하되 공학적인 기술 부분도 함께 고려할 수 있는 다학제적 융합 연구가 반드시 필요하다. 예컨대 공학자, 디자이너, 심리학자, 사회학자, 그리고 실제 사용자들이 한 팀을 이루어 문제를 함께 정의하고 해결책을 탐구하는 협업 구조가 바람직하다. 이러한 융합 연구를 통해 우리는 사용자의 실제 경험과 요구를 더 정확히 이해하고, 기술 개발 과정에 그들의 목소리를 적극적으로 반영할 수 있다. 특히 서비스의 대상자(예: 시각장애인을 대상으로 하는 서비스인 경우 시각장애인들)가 기술 개발의 초기 단계인 기획 단계부터 함께 참여할 때, 기술은 훨씬 더 포용적이고 실질적인 방향으로 진화할 수 있다고 생각한다. 더 나아가 이러한 초기 참여는 단순한 기술적 피드백을 넘어서, 사회적 약자가 연구와 개발의 동등한 파트너로 인정받는 기회를 제공한다는 점에서 의미가 크다. 이러한 접근을 통해 우리는 시각장애인을 포함한 다양한 사회적 약자가 실제로 혜택을 얻을 수 있는 AI를 설계할 수 있는 든든한 토대를 마련할 수 있다고 생각한다.

시각장애인과 함께 가는 따뜻한 AI

이 책에서는 시각장애인을 위한 AI 기술 개발 사례를 통해, AI 기술이 사용자인 시각장애인을 이해하고 그들에게 실질적으로 도움을 줄 수 있는 방법을 살펴보았다. 약간의 기술적인 내용부터 필자가 진행 중인 연구까지, 다양한 내용을 10장에 걸쳐 소개하였다. 그중 흥미로운 점 하나는, 필자가 9장에서 소개한 미시간주립대와의 국제 공동 연구에서 확인한 사실이다. 시각장애인들과 진행한 인터뷰에서, 많은 참여자들이 우리 연구팀에게 공통적으로 이렇게 이야기하였다.

> "많은 기술이 우리를 위해 만들어졌다고 하지만, 실제로는 우리 없이(without us) 만들어졌다."

이 말은 단순한 불만이 아니라, 기술 개발 과정에서 당사자의 참여가 충분히 반영되지 않았음을 보여주는 중요한 지적이라고 여겨진다.

앞으로의 시각장애인과 같은 사회적 약자를 위한 기술 개발은 반드시 with us 방식, 즉 사용자와 함께하는 방식으로 기술을 개발해야 한다고 생각한다. 대표적인 방법으로는 9장에서 짧게 소개한 participatory design workshop이 있다. 이는 시각장애인과 같은 사회적 약자와 연구자, 개발자가 한자리에 모여 실제로 필요한 서비스가 무엇인지, 기존 서비스의 어떤 부분이 불편한지, 새로운 기술에 어떤 요소가 포함되기를 원하는지를 직접 논의하는 과정이다. 이런 과정을 통해 비장애인 개발자가 미처 인식하지 못했던 요구를 발견할 수 있고, 시각장애인과 비시각장애인 양쪽 모두가 서로를 이해하며 협업할 수 있는 계기가 마련된다.

예를 들어, 시각장애인이 사용하는 내비게이션 서비스는 단순히 목적지까지의 최단 경로만 알려주는 것이 아니라, 점자 블록의 위치, 계단이나 경사로의 존재, 혼잡한 교차로와 같은 실제 생활 맥락을 반영해야 한다. 이런 세세한 정보는 시각장애인 당사자의 경험 없이는 쉽게 떠올리기 어렵다. 결국 기술이란 것도 서로가 서로를 알아가고 협력해야 올바른 방향으로 개발될 수 있다.

앞으로 AI가 진정으로 따뜻하고 포용적인 사회를 만드는 도구가 되기 위해서는, 단순한 편의 제공을 넘어 사회적 약자의 목소리를 존중하고 반영하는 과정이 반드시 필요하다. 기술은 사람을 위한 것이어야 하며, 사회적 약자를 배제한 발전은 결코 완전하지 않다. 이렇게 사람과 함께 걸어가는 기술만이 지속 가능하고 의미 있는 변화를 만들어 낼 수 있다.

이 책이 그 방향을 다시 한번 생각해 보는 계기가 되기를 바라며, 독자들과 함께 더 따뜻한 AI의 미래를 기대하며 마무리한다.

이장원

성균관대학교 컴퓨터교육과 및 실감미디어공학과 부교수다. 인디애나대학교(Indiana University Bloomington)에서 Informatics 전공, Intelligent and Interactive Systems Track으로 박사 학위를 받았다. 삼성전자 소프트웨어센터에서 Software Engineer로 근무했으며, 미국 NASA JPL에서 연구 인턴, 미국 Alarm.com 산하 ObjectVideo Lab에서 Research Scientist로 재직했다. 현재 성균관대학교에서 인공지능 및 상호작용 연구실(Intelligent and Interactive Systems Lab, I2S Lab)을 이끌며 컴퓨터 비전, 로봇 비전, 인간-컴퓨터 상호작용 분야의 연구를 수행하고 있다. CVPR, ECCV, ICRA, IROS, WACV, IJCAI, ICIP, UbiComp 등 주요 국제학회에 다수의 논문을 발표했으며, 2017년 CVPR 워크숍 'Deep Learning for Robotic Vision'에서 최우수 논문상을, 2025년 APIC-IST에서 우수 논문상을 수상했다.